# 我看見了

I SAW RAMALLAH

# 拉姆安拉

橄欖油
與無花果樹的記憶

穆里·巴爾古提
Mourid Barghouti

陳逸如 譯

# 目次

序文　薩依德　7

1 橋　13

如今我的定位模稜兩可、含糊不清，一切都模稜兩可、含糊不清。

戴著圓頂小帽的士兵也不含糊，至少他的槍可是光可鑑人。他的槍也是我個人的歷史，我離散的歷史。他的槍從我們手上奪走了詩的領土，留給我們領土的詩。他的手中握著領土，我們的手上握著海市蜃樓。

2 拉姆安拉　55

還要經過多少個三十年，那些一直回不來的人才能返鄉？我，以及其他返鄉的個體又象徵了什麼意義？這是他們的返鄉，數百萬人民的返鄉，真正的返鄉。我們的亡者還在他國的墓園裡，我們的生者還在外國邊境攀附著。橋上，詭譎的邊界和其他五大洲的邊界都不一樣，你滿懷站在別人邊界上的回憶。

3 戴爾格薩那 77

以色列的占領製造了一個沒有地方可以回憶顏色、味道和聲音的世代，那個地方應該是原原本本隸屬於他們，之後在分崩離析的流亡中，還可以供他們回到那地方的回憶裡。沒有上面擺著軟布娃娃和白枕頭的童年床褥可供回憶：只要大人不在家，白枕頭馬上變成枕頭大戰的武器，讓他們開心的尖叫。大概就是這樣。以色列占領使得我們這一代人有幸崇敬那些無名的人：他們遙遠、困頓，他們的四周被官兵、高牆、核子飛彈、恐懼所圍繞。

4 村落廣場 101

當日子一天天的過去，我開始懂得，當生命按了某個鈕，讓事情照你期望的那樣運轉的時候，你無法在驀然間感到欣喜；當你終於等到了多年來癡癡等待的喜悅時刻，你也已經和過去不同了。你肩負著過去的歲月，這些時光無聲無息、慢條斯理的改變了你。

5 活在時光裡 125

我一直沒有辦法蒐集屬於自己的藏書。我必須在房子和附有家具的公寓間移動，習慣浮光掠影。我已經被訓練得對不屬於自己的咖啡壺無動於衷。我的咖啡杯不是屬於房東，就是前一個房客留下來的。就算打破一個杯子的意義也不太一樣。房屋仲介幫我挑選床單、窗簾和廚具的顏色。我沒做選擇，而是機遇做出選擇。

143

## 6 父執輩

我們所愛的人的生活細節，以及他們命運的起伏擺盪，全都從電話鈴響開始。帶來喜悅的鈴聲，帶來哀傷的鈴聲，帶來思念的鈴聲。巴勒斯坦人之間的爭執、斥責、責難與道歉都由電話鈴響帶來。我們從來沒有如此深愛某種聲音，我們也從來沒有如此恐懼某種聲音——我的意思是，同時擁有兩種錯綜的情緒。

## 7 生不逢時

也許被占領的城市最慘的地方在於，那些城市的孩子沒有辦法取笑這些城市。誰有辦法取笑耶路撒冷！如今，送到我們在那個城市的信件永遠拿不到手上。他們奪走了我們房子的地址，還有我們抽屜裡的灰塵。他們奪走了這個城市的人群、門戶和小巷，他們甚至奪走了那

175

個坐落於包柏胡塔巷內，曾經挑動我們青春期想像、妓女胖得像印度雕像似的祕密紅燈戶。

## 8 團圓

我們家的門戶洞開，我們走了進去，望向那間會客室，房內有些女人身著黑衣，我母親在意識朦朧的狀態下坐著，身著淡藍色的衣裳。羅德娃、湯銘和我一走進室內，整間房子就爆出哀泣的哭聲。我不曉得如何能夠在那個時候把持住而不崩潰，但是正因為我在當時能夠把持得住，之後也就能夠一直堅強到底。

201

## 9 每天的最後審判

我跨越了那道禁止通過的橋，驀然間彎身撿拾自己碎裂四處的碎片，好像在天寒地凍裡把外套外擺收攏起來的人，或者像一個從遠方回來的學子，忙著撿拾被田野吹來的風打散的報告。在枕上，我收集了白晝與黑夜裡的歡笑、怒火、淚水、愚蠢以及一輩子都看不完，只能投以靜默與敬意的大理石紀念碑。

235

# 序文

薩依德（Edward W. Said）

《我看見了拉姆安拉》這部作品，是當今對於巴勒斯坦人遭逢的流離狀況，所做的最佳紀錄之一。本書的內容周詳，文字優美，敘述了作者於一九九六年夏天，經過多年的流亡之後，終於回到約旦河西岸「拉姆安拉」的故事。作者穆里．巴爾古提是著名的詩人，書中經常提到他的妻子羅德娃．雅緒爾（Radwa Ashour），則是傑出的埃及學者、小說家。夫妻兩人是在一九六〇年間，同在開羅大學英文系求學時認識的，而且婚後竟然有十七年的時間分隔兩地而居，因為他長期擔任巴勒斯坦解放組織的代表派駐布達佩斯；而她則在艾因．沙姆斯大學教授英文，帶著兒子住在開羅。書中稍微提到了導致兩人分地而居的政治因素，另外交代了他從約旦河西岸地區流亡之後的遭遇，以及他離家三十年後的回鄉過程。《我看見了拉姆安拉》於一九九七年問世，立即在阿拉伯世界獲得廣大的迴響，更進一步榮獲馬富茲文學獎。而本書還有個叫人感到滿意的地方，就是英文譯本由著名埃及小說家、文學評論者索艾佛（Ahdaf Soueif）執筆擔綱，詞藻優美又引人入勝。索艾佛的代表作品如《太陽眼》（*In the Eye of the Sun*）、《愛情地圖》（*The Map of Love*）等，就是用英文撰寫的。因此，《我看見了拉姆安拉》這本書能夠結合作者巴爾古提與譯者索艾佛兩人的聰明才智，實在是文壇一大盛事。我能為本書簡短寫幾個字當作序言，實在是莫大的榮幸。

我離家四十五年之後，終於重回耶路撒冷，和作者的回鄉之旅有點類似，因此我格外能體會返鄉時百感交集的情緒：喜悅是當然的，另外還有悔恨、憂傷、驚訝、憤怒等感覺。《我看見了拉姆安拉》最獨特、最震撼人之處是它不辭辛勞的詳細記載了返鄉時排山倒海的情感與想法，並將這些情感與想法清楚交代。而其他人在去國多年後返鄉時，往往會被這種排山倒海的情緒所打垮。畢竟，巴勒斯坦這塊地方有其特殊性，它的歷史悠久，深受一神教傳統的影響，歷史上許多征服者、偉大的文明都曾經在此地進出。到了二十世紀，猶太人和在地的巴勒斯坦人更在這裡進行長期、不間斷的鬥爭。一九四八年以色列建國後，在地的巴勒斯坦人慘遭驅逐，流離失所又四散各地；而主張以色列建國的錫安主義猶太人大多生長在歐洲，前來此地設立了以色列國，並在一九六七年侵占約旦河西岸及加薩走廊地區，迄今依舊控制著這兩處地點。今天每個巴勒斯坦人都明白，以前這裡曾經存在一個巴勒斯坦，但是現在這裡的新名字、新住民和新的身分，卻把以前那個巴勒斯坦給全盤否定掉了。因此，我們重新「回歸」巴勒斯坦這件事，就成了一種獨特而且必須立即爭取的事情。

從某個角度來看，作者巴爾古提的故事之所以能夠出現，必須歸功於一九九三年間，阿拉法特的巴勒斯坦解放組織和以色列所簽訂的「奧斯陸和平協議」。「和平協議」這個名稱其實很奇怪，它是由美國居中擔任協調，首先於一九九三年九月開始進行，到今天我寫這篇序言的時候（按，公元兩千年八月初）這個進程還沒有完成。它既無法讓巴勒斯坦人於約旦河西岸以及加薩走廊獲得主權的獨立，更沒有為猶太人與阿拉伯人帶來和平與和解。可是「和平協議」還是讓一些流亡的巴勒斯坦人回到一九六七年之前原屬他們的家鄉，這種快樂的回鄉之旅，就是這本書一開始描寫的邊境場景。巴爾古提很快就看見一種矛盾的現象：約旦王國和巴勒斯坦地區相隔著約旦河，兩邊以橋樑連接，儘管巴勒斯坦有官員駐守在橋上，但實際掌權的還是以色列軍方。因此他簡潔記載道：「別人還是這個地方的主人。」雖然他生長在約旦河西岸，有幸回家一探並且寫出這部流暢的作品，可是絕大部分的巴勒斯坦人（大約三百五十萬）仍然因為一九四八年以色列建國而成了難民，現在還無法回到自己的家鄉。

巴爾古提的這本書裡面當然討論了很多政治問題，但這些問題非常具體，也沒有特定的意識型態在背後主導。他書中提到的政治問題，都是源自於巴勒斯坦人真實的生活處境，而巴勒斯坦人最常面對的問題，就是居住和旅行的限制。世界上絕大部分國家的國民，只要擁有該國的護照，就可以自由旅行，不用老是想到自己的身分問題。但是對於巴勒斯坦這個還不是正常國家的地區來講，居民們對於居住和旅行限制這兩個問題，背負著格外沉重的負擔。很多巴勒斯坦人固然擁有護照，但事實是他們和居住在阿拉伯世界、歐洲、澳洲、北美、南美等地區的百萬難民一樣，依舊是流離失所，有家歸不得的人。因此，巴爾古提的故事裡面，常常可以看見他提到自己可以去哪裡、不能去哪裡、可以去多久、在什麼情況下必須離開等等，還有最重要的是，他不在的時候會發生什麼事。他哥哥慕尼夫之所以會橫死法國，只因為當時無人能夠，也無人願意伸出援手。書中還提到很多文化界名人，例如慘遭狙殺的小說家卡納法尼（Ghassan Kanafani）和漫畫家阿里（Naji al-'Ali），在在提醒了讀者，不管一個巴勒斯坦人的天賦再高，還是有可能橫死街頭，或者神祕失蹤。也因此，雖然本書的基調是快樂的、熱情的，但偶爾還是會出現零星的哀傷與痛悔語氣。

不過，本書獨特的權威之處，卻是來自於它禮讚生命的優美行文。巴爾古提的寫作出乎意料之外的不帶有任何悲苦或指謫，對於以色列人的所作所為，他沒有激烈的非難或譴責；至於巴勒斯坦領導人同意在領土問題上讓步，也不見他加以痛斥。他有好幾次提到，在巴勒斯坦綿延起伏的山丘上，隨處可見以色列的屯墾區，他說得沒錯。不過他講的也只有這樣而已。他只說，這種現象對於力促和平的人士而言，實在有點難堪，尤其是像拉姆安拉、格薩那這種地方，還是堅持保留了巴勒斯坦的風格。他追尋自己姓氏起源的時候，絲毫不帶有任何嘲諷的意味。（我不太確定，但我記得巴爾古提這個姓氏，是人數最多的巴勒斯坦家族，族人數量可達兩萬五千。）有個事實是作者無法否認的：「巴爾古提」這個字，源自阿拉伯語的「跳蚤」，而這個如此卑微的小細節，卻為整本書增添了更多人性，一針見血。

《我看見了拉姆安拉》的主要特色，在於它所記載的是在回歸與團圓當中所體會到的失落。而巴爾古提勇於對抗造成這種失落的因素，因此他的詩作擁有了更多的質量，而他筆下文字充滿了正面的能力。「以色列的占領，」他說：「使得我們這一代人有幸崇敬那些無名的人：他們遙遠、困頓，他們的四周被官兵、高牆、核子飛彈、恐懼所圍繞。」也因此，在他回鄉之旅中所創作的詩作及散文裡，他力圖拆倒這些高牆，突破官兵的包圍，這樣才能真正進入他自己的巴勒斯坦。而他也真的在拉姆安拉找到了屬於他自己的巴勒斯坦。拉姆安拉本來是耶路撒冷郊區一個寧靜如花園的地方，最近已經變成巴勒斯坦都會生活的中心地帶了。當地享有一定程度的自治，文化活動也算頻繁，人口急速增加。在這個氣象一新的拉姆安拉地區，流亡作家巴爾古提找到了新的自我，藉著這種全新的流離狀態而一再發現自我。「無論是首次初嚐流離失所的滋味，還是永遠漂流異鄉，對一個人來講都太沉重了。」雖然書中的這場回歸充滿了歡樂與活力，但到頭來這次回鄉之旅與其說是真正的回家，不如說是作者重新體驗了自己的流亡。也因此，這本書才會具備迷人的不安全感，以及悲劇性的色彩。透過譯者索艾佛卓越的翻譯，英語世界的讀者更能精確體會到本書特殊的風格。而巴勒斯坦經驗，也從此變得更容易親近，更具體了。

二〇〇〇年八月十一日寫於紐約

# I

# 橋

## I Saw Ramallah

橋上極熱。一滴汗從我的前額淌下，順著鏡框滑至鏡片。朦朧了我的視線、我的期待及我的回憶。過去的畫面閃過眼前的景色；過去這些日子以來，為的就是回到這裡。我總算來了，就要跨越約旦河。腳下的木板咯吱作響，我左肩搭著一只小袋子，若無其事地（應該說「看起來」若無其事地）朝西而行。世界在我腦後，眼前是我的世界。

關於這座橋的最後記憶來自於三十年前，我從拉姆安拉[1]通過這座橋來到安曼[2]，然後再從安曼回開羅的學校上課。當時我是開羅大學應屆畢業的四年級生。

一九六七年六月五日早晨：拉丁文考試。還剩幾科就結束了，拉丁文考完，兩天後接著考「小說」和「戲劇」。屆時我就完成了對慕尼夫的承諾，實現我母親希望兒子是大學畢業生的願望。先前的考試（歐洲文明史、詩、文學評論還有翻譯）都安然通過。就要結束了，等成績出來我就可以回安曼，然後從那裡（通過同一座橋）回到拉姆安拉。父母親來信說，他們已經著手裝修位於拉姆安拉的立夫塔威大樓公寓，以迎接拿到文憑載譽歸來的我。

考試大廳裡極熱。一滴汗從眉上淌到鏡框停了一下，然後滑到鏡片上，滴到考試卷的拉丁文上：altus、alta、altum。外面的聲響是什麼？爆炸嗎？還是埃及軍隊的演習？這幾天的話題都和戰爭有關，難道是戰爭？我用面紙擦拭眼鏡，檢查完答案離開座位，把考卷交給監考人員。一片斑駁的油漆從天花板飄下，落在我和監考人員中間桌上的試卷，他嫌惡的抬頭望向天花板，我走了開去。

我步下人文學院的台階，校園棕櫚樹下，阿伊莎太太正坐在她的車裡，她是我們接近中年的同學，在丈夫過世之後考取大學。她用法文口音慌張地叫住我：「穆里！穆里！開戰了！我們打下了二十三架飛機！」

我攀住車門，探進車裡。車內收音機傳來阿哈瑪．薩伊（Ahmad Sa'id）激動的聲音，愛國歌曲大聲作響，一群學生在旁邊議論紛紛，言之鑿鑿或不可置信的都有。我握緊了右手拳裡考試總是隨身攜帶的鵜鶘牌墨水。直到現在還是不明白為什麼，我突然以巨大的弧度揮動手臂，用盡全身的力氣，把墨水瓶對準棕櫚樹幹狠狠砸過去，瓶身在深如夜色的靛藍中爆裂成玻璃碎片，散落草坪上。

這時，從阿拉伯之聲電台的阿哈瑪．薩伊口中獲知，拉姆安拉再也不屬於我，我回不去了。那座城市已經陷落。

---

1 拉姆安拉（Ramallah）：位於約旦河西岸，巴勒斯坦城市。

2 安曼（Amman）：約旦首都。

考試延後了好幾個禮拜後再度舉行。我畢業了。拿到了英國文學的學士學位，卻找不到可以掛上證書的那面牆。

戰事爆發時，人在異鄉的遊子透過巴勒斯坦的親戚或者紅十字會，想盡辦法爭取團聚許可，有些比較膽大的，像我哥哥馬吉得，就冒險偷渡回去。

以色列准許數百名年長者回家，卻把數以千計的年輕人拒於門外。這個世界為我們取了一個名字，稱為那吉殷（naziheen），也就是流民。

流離的境遇一如死亡，你以為這種事只會發生在別人身上。自從一九六七年夏天開始，我成了流離失所的異鄉人，一個我向來認為屬於別人的身分。

異鄉人必須不斷更新居留許可證，填各式表格，買郵票寄表格，提出各式證明。總是有人問道：「兄弟，你是哪裡人啊？」或者「你們國家的夏天熱不熱？」他對寄居國家裡種種關於當地國民的細節和「國家」政策漠不關心，不過，卻總是第一個對這些政策結果產生反應的人，也許不能分享當地人的喜悅，卻永遠對當地人所害怕的事情感到害怕。永遠是示威遊行中的「滲透份子」，儘管示威當天連大門都沒邁出一步。和地方之間有著扭曲的關係，一方面和這些地方緊密相連，一方面卻又被這些地方驅逐出境。永遠不能用同一個主詞把自己的故事說完，永遠的度日如年，每一秒對他而言都維繫著瞬間的永恆。記憶不堪回首。活在內心深處那個安靜的角落，謹慎看待自己的祕密，厭惡別人刺探。經歷過周遭的人沒興趣的另一種人生繁瑣，開口的時候卻又什麼也不說，自動跳過那些細節。喜歡電話鈴響，卻又害怕電話鈴響。好心人告訴異鄉人：「這是你的第二個家，我們都是你的家人。」他因為異鄉人的身分而被人憎恨，卻又因為異鄉人的身分被人同情。後者比前者更讓人難以承受。

那個星期一的正午，流離的境遇衝擊了我。

當時我是不是成熟到足以理解——像我一樣的異鄉人，其實有很多就住在自己的城市裡，而他們的國家沒有受到外國軍隊的侵占？陶希帝[3]是否曾在遙遠的過去眺望未來，著手寫下二十世紀後半葉我們甫遭遇到的離散？二十世紀的後半部會比前半部來得長嗎？我不曉得。

但是，我知道異鄉人再也無法回到原來的樣子，就算回頭，一切已結束。「流離」的人正如氣喘病一樣無法痊癒。詩人更慘，因為詩本身就是一種離散。怎麼突然講到氣喘呢？難道是那次我在約旦河畔發慌苦等數小時，等「另一邊」（巴勒斯坦警察這麼稱呼他們）發照許可我踏過時空邊界時的劇咳？

---

3 陶希帝（Abu Hayyan al-Tawhidi）：十一世紀哲學家暨神祕主義作家。

我從安曼來到了約旦這邊的橋頭，弟弟阿拉載我去的，他的妻子和我母親也都在。早上九點十五分我們就離開安曼須梅撒尼區，十點前就抵達了，那裡是明令許可他們最遠可到的地方。我道了別，他們就回了安曼。

我坐在設在橋頭的等候室中，問約旦官員接下來怎麼做。

「你就在這裡等，等我們收到他們的信號，你就可以過橋。」

我在室內等了一會兒，還不曉得這一等就是許久。我走到門邊，站著望河。

我不驚訝河面狹窄：約旦河一直都是條極細的河，我們小時候就已經有這個認知。我驚訝的是，經過了這些年，河已經乾涸，幾乎沒了水。大自然和以色列共謀，偷走了河水。以往它還有水聲，現在成了無言的河，宛如停泊的車子。

另一端的河岸清楚地在眼前展開，一目了然。那些闊別多年之後來此過橋的人告訴我，他們曾經在此流下淚來。

我沒有流淚。

那輕微的木然並沒有從我的胸口漫升至雙眼。沒有人在旁邊告訴我在等待的數小時裡，我的表情如何。

我望向橋身。我能過橋嗎？會不會在最後一秒出現問題？他們會把我遣送回來嗎？他們會不會捏造什麼程序錯誤？我真的會走到另一岸，走上橫列眼前的山丘嗎？

在地形上，我所在的約旦土地和橋另外一頭的巴勒斯坦土地並沒有什麼不同。

然而，那邊是「占領區」。

一九七九年底，我參加了大馬士革阿拉伯作家協會的會議。主辦人帶著我們走訪庫拿特拉城（Qunaytera）。護衛車隊帶領的短暫行程，我們目睹了以色列人所經之地對這個城市帶來的破壞。站在刺絲網邊，網內飄揚著以色列國旗。我把手伸進鐵網內握住戈蘭占領區一叢野生的灌木，搖了搖它，對著站在我旁邊的胡珊・穆魯沃說：「這就是占領區，阿布・尼則[4]；我可以用手握住它呢！」

當你年復一年、在一次次的節慶、一次次的高峰會中，在收音機、報章雜誌、書籍、演講裡聽到或讀到「占領區」這個字眼時，你會以為那是世界的盡頭，絕對沒辦法抵達。你看，這有多麼近？多麼觸手可及？多麼真實？我可以用手握住它，就像握住手帕那樣。

---

4 阿布・尼則：穆魯沃別名。阿拉伯語系中，男性婚後若有兒子，經常會有個別名——阿布・（長子之名）。女性婚後若有兒子，也經常會有個別名，稱之為烏姆・（長子之名）。因此胡珊・穆魯沃很可能有個兒子名為尼則，因此他被稱呼為阿布・尼則。例外的狀況在於巴勒斯坦社會，激進政治份子有可能會取化名，因此名字中如果有「阿布」字眼，不一定表示他的婚姻以及父子關係。

穆魯沃的眼裡泛出答案，答案裡是一片沉默與濕潤。

現在我站在這裡，眺望約旦河的西岸。這就是「占領區」嗎？這回沒有人站在我身邊，讓我複誦多年前對穆魯沃說過的話：這可不是新聞布告上的台詞而已。當你親眼所見，土壤石礫山丘岩石都歷歷在目，有生動的顏色、溫度，還有野生植物。

現在它已經在感官前面宣示了自己的實體存在，現在誰還敢說它是抽象的？

它再也不是反抗詩裡面的「摯愛」，不是政黨運作中的一個物件，不是一個論點或者一個隱喻。在我眼前攤開，如蠍、鳥和井那般觸手可及，也如一片粉筆跡和足印那般舉目可見。

我問自己，除了我們已經失去它的事實，這有什麼特別？

它不過是一片土地，和其他土地無異。

我們歌頌它不過是要自己記得被掠奪的羞辱。我們歌詠的不是過去神聖的東西，而是為了現在日復一日因為「占領」而遭到侵犯的自尊。

那塊土地就在我面前，和開天闢地時沒有兩樣。我對自己說：「土地並不會移動。」我卻還沒碰到它，只是目睹而已。我就像被告知贏得大獎的人，只是大獎還沒落到手上。

我還是在約旦這一頭。數小時過去了，我步回等候室，顯然沒有什麼新消息。我坐在椅子上拿出我的紙，匆匆翻閱打發時間：都是我拿來準備出版第九冊詩集《存在的邏輯》的諷刺短詩，還有詩的「草稿」。我瞥了一下這些字句，然後把紙收回包包裡。等待的焦慮反映了我對作品的焦慮，在出版物前面我喪失熱情，質疑那些即將逃離掌控的文字價值。

我喜歡詩，喜歡詩在我手下意象連生、逐字逐句養成的感覺。但是憂慮到來，篤定的感覺煙消雲散，創作者因自己的創作而驚喜的滿足時刻戛然而止。

這感覺不斷重演，自從第一次發表詩就開始，我清楚的記得。

當時我是開羅大學應屆畢業的四年級生。時常在圖書館的階梯上讀詩給羅德娃聽，她肯定那些詩都是好詩，說我一定（總有一天）會變成詩人。有一天我把其中一首詩交給法路克．阿伯德．沃哈轉給《劇院》雜誌（Theater Magazine）發表，羅夏．羅須帝是該雜誌編輯。接連好幾天我是驚恐度日。

每天我都想把我的詩要回來，但是又害怕他會覺得我懦弱又舉棋不定。每回在學校看到他，我都忍不住要開口問他的看法，話到了嘴邊又嚥了回去。詩脫手的那一秒起，我開始覺得一無是處，不應該發表，現在我真的覺得它爛透了。

日子一天天過去，一九六七年六月五日星期一這一天到了。

我到麵包店買麵包儲糧，因為大家都以為要開始長期抗戰。我站在長長的隊伍裡，旁邊的人行道上（一家還開著的小書店把書擺到了外邊人行道）堆著一落落的報紙、雜誌和書。數十種雜誌中我看到了《劇院》雜誌，遂買下它然後急促翻閱紙頁找我的詩——找到了。〈穆里．巴爾古提：向遠方的軍人致歉〉（Mourid al-Barghouti: Apology to a Faraway Soldier）。這是怎麼樣的一場巧合啊？

我的第一首詩在這麼一個特異的早晨登了出來，雜誌封面的日期寫著：一九六七年，六月五日，星期一。某位記者問過我這件事，我告訴他這個故事，然後玩笑地加了一句：「我在想阿拉伯人之所以戰敗，巴勒斯坦之所以失守，可能是我寫了這首詩的緣故。」

我們都笑了，笑不出聲。

我再度離開了等候室。

我在等候室以及河水中間的一小塊空地上走著，思忖眼前的風景。除了沉思我也沒別的事可做。

沙漠般的土壤是如此緊緊地偎著水。日烈如蠍。

「告訴太陽的眼睛……」突然間讓我想起，這首哀傷的歌已經是不遠處另一群沙漠失蹤者的輓歌。一九六七年六月十九日：有人敲了我在埃及扎馬萊克（Zamalek）的家門，一個臉受烈日灼傷、模樣和衣著特異的人走了進來。我擁抱他如同他突然從雲端掉到我的臂彎那樣：「你怎麼到這裡的，阿塔舅舅？」

他總共在西奈半島的沙漠走了十四天，從六月五日那天開始。

「我們根本沒打仗，他們摧毀了我們的武器，打從一開始，就用飛機驅趕我們……」

我舅舅六〇年代初是約旦軍官，後來擔任科威特的訓練官。一九六七年奉派至科威特軍營和埃及共同作戰。他說目前在埃及達舒（Dashur）營區受埃及軍團指揮，不清楚下一步該怎麼做。

除了他，我沒見到任何其他歸來的軍人，這就足以讓人心為之一沉。一個人就足夠明白點出戰敗的事實。

中午了。等待每多一分鐘我就愈緊張。他們會准許我過橋嗎？為什麼拖這麼久呢？

就在那個時候我聽到有人叫了我的名字：「拿你的行李過橋。」

終於！我終於來了，背著我的小袋子，一步一步過橋去。這橋身的木板不過區區數公尺，卻有三十年的離鄉背井。

這深色的木板怎麼能夠疏遠國家和它的夢？怎麼能夠阻止整個世代的人在曾經屬

於自己的家中喝咖啡？又怎麼能夠引領著我們產生如此大的耐性，又領著我們到死亡那方？又怎麼能任我們流亡四處、居無定所、在不同政黨和恐懼的竊竊私語中飄蕩？

我不感謝你，你這毫不顯著的短橋。你並非海洋，如果是，我們還能在你帶來的恐懼中找到理由。你也不是棲有野獸和奇珍異獸的山脈，如果是，我們身在其中也能匯集所有的本能保護自己。橋啊，我也許會感謝你，如果你只是外星球上的橋，位於一台老賓士車三十分鐘到不了的地方。我會感謝你，假使你是火山和厚厚一層恐怖橘色岩漿的產物。可是，你只是嘴角啣著鐵釘，耳後夾著香菸的可憐木匠之作。小橋啊，「謝謝」我說不出口。在你的面前我應該覺得羞愧嗎？還是在我面前的你應該感到羞愧呢？你近得宛如天真詩人眼裡的星星，遠得一如癱瘓者的一步。這是怎麼樣的困窘啊？我無法原諒你，如你無法原諒我。腳下的木板咯吱作響。

費魯姿[5]稱它為「回歸橋」，約旦人稱之為「胡笙國王橋」，巴勒斯坦當局稱之為卡拉馬渡口，一般大眾，公車和計程車司機都叫它「艾倫比橋」，我母親，早先還有外婆、父親、嬸嬸烏姆．塔拉爾都只簡單的叫它：橋。

我現在就要過橋，在三十個夏季之後。上次是一九六六年的夏天，緊接著就是一九九六年夏天。

在嚴禁進入的木板上，我一邊走著一邊自顧自說著這一輩子的故事。我無聲無息的訴說著自己這一生。閃動的畫面跳躍式地此起彼落；不清不楚的一生影像；還有如飛梭般前後撞擊的回憶。那些畫面自成一體，不受安置，沒有最後的定型。他們的模樣混沌不明。

遙遠的童年。朋友與敵人的臉。我是從其他大陸來的人，說著他國語言，跨過他國疆界，臉上掛著一副眼鏡，肩上搭著一只小袋子。我的腳步落在橋身木板上，正走向詩的領土。訪客？難民？公民？過客？我不曉得。

此刻是政治？感性？或是社會？實際？超寫實？屬於肉體還是心靈的一刻？木板咯吱作響。過去生命中發生的一切在朦朧中若隱若現。我為什麼想丟了肩上的袋子呢？橋下幾乎沒有水。沒有河水的河，如同為自己身處於兩種歷史、兩種信念以及兩種悲劇中間而道歉。那是岩石的景色。白堊。軍隊。沙漠。如牙疼般痛楚。

這兒有約旦國旗：紅白黑綠，阿拉伯起義的顏色。數公尺之後就是以色列國旗，尼羅河和幼發拉底河的藍，中間鑲著「大衛之星」。一陣風颺起了兩旗。「白如功績、黑如戰役、綠如草茵……」腦海裡浮起這一首詩，但是，眼前的景色卻乏味得像計算清單一樣。

---

5 費魯姿（Fayruz）：頂尖阿拉伯女歌手。

腳下的木板咯吱作響。

今日六月的空氣和昨日一樣沸騰著。「噢！木橋啊……」費魯姿的歌乍現；迥異於她的風格，歌詞超乎期待的直接。那歌詞是多麼深植於知識份子、士兵、阿姨們還有革命份子的心中？難道是因為人們需要從別人的口中聽見自己的聲音？他們是否需要外在的聲音來唱出心底的聲音？沉默的人指派代言者為他們在想像中不得其門而入的國會發聲。人們只有在不公的時代，還有普遍沉默的時代，才喜歡直接的詩，輕聲細語或含有指涉的詩只有能暢所欲言、不必假他人之口的自由人才能心神領會。我告訴自己，我們的文學評論只是瞇著眼抄襲西方理論，在他們的阿拉伯帽上覆著牛仔帽。（這帽子的譬喻實在是老掉牙，我怎麼突然想到這兒來了？）前面來了一位以色列士兵，戴著圓頂小帽，那可是一頂貨真價實的帽子，而不是什麼文學譬喻。他的槍看起來比人還高，人倚在西岸獨立的崗哨門口，以色列國的主權就從這裡展開。我無從得知他的感覺，他的臉沒有顯露出一點思緒，我望著他的臉一如望著一扇閫上的門。現在我已經踏上西岸河邊，橋已在身後。有那麼一刻，我就那麼站著，站在大地塵土上。我不是跟隨哥倫布的士兵，在他們瀕死邊緣吶喊：「陸地！陸地！是陸地！」不是大喊「我找到了！」的阿基米德，也不是親吻土地的勝利士兵。我沒有親吻土地。我既不悲傷也沒有流淚。

但是，在這片蒼白的荒地上，他的影像卻在我的面前忽隱忽現，他的笑容從遠方而來，從我親手放他安眠的墳塚而來。當時在闇黑的墳裡，我給了他最後的擁抱，然後其他送葬者把我拉了開來，留他一人在那塊我們寫著「慕尼夫．巴爾古提，一九四一——一九九三」的墓碑下。

我走了幾步。

我望著那士兵的臉，有那麼一秒他看起來只是受僱於人：無聊而不滿。不，他渾身戒備而且警醒（還是我把自己的狀況投射到他身上？）。不對，那只是他每天的例行態度，因為他每天看上千個像我一樣背著背袋的巴勒斯坦人過橋來做個短暫的夏天造訪，或者回去安曼繼續把日子過下去。不過我的情況不同。

我對自己說，為什麼世界上的每一個人都覺得自己情況特殊而且「不同」？人是不是就算迷失的時候也希望自己是獨一無二的？這是不是一種我們無法掙脫自我本位主義？還是情有可原？——我可是三十年來第一次過橋來。那些住在占領區的人向來可以自由來往橋的兩岸，持有探訪或團聚許可、流亡在外的人也可以。這三十年來，我兩種身分都得不到。他怎麼會曉得這些？我又為什麼希望他能了解呢？

上一回過橋，我的眼鏡還沒那麼厚，髮色黝黑，當時我擁有的回憶比較輕盈，也比較美好。當時我只是個青少年。如今我已經是個父親，一位青少年的父親，他和當年過橋的我同年。上回我過橋是為了出國去上遙遠的大學。如今，我把和我就讀同所大學的兒子留在身後。

上回沒有人質疑我前往拉姆安拉的權利，如今我自問能做什麼，好讓兒子有權去看它一眼。我應該把他從難民和流民的名單中移除嗎？——他從來沒有移居過，也從來沒有尋求庇護，他只不過是出生於異鄉。

如今我是以流亡的身分回到他們的……故鄉？還是我的故鄉？那是西岸和加薩[6]？占領區？特區？朱代（Judea）和撒馬利亞（Samaria）？自治政府？以色列？還是巴勒斯坦？世界上還有哪個國家的稱號如此費解？上回我的定位清楚，一切都很清楚。如今我的定位模稜兩可、含糊不清，一切都模稜兩可、含糊不清。

戴著圓頂小帽的士兵也不含糊，至少他的槍可是光可鑑人。他的槍也是我個人的歷史，我離散的歷史。他的槍從我們手上奪走了詩的領土，留給我們領土的詩。他的手中握著領土，我們的手上握著海市蜃樓。

不過他的某個面向是模糊的。他的父母來自於薩克森豪森還是達豪[7]？他是不是剛從布魯克林移居此處？他來自中東、北非還是拉丁美洲？他是不是因為政治立場不同而流亡的俄國移民？還是他是土生土長的本地人，從來沒有想過為什麼他身在此地？他曾經為了他的國家，或者在我們持續反抗他國家的過程中殺過我們的人？他會因此而逐漸嗜血殺人嗎？還是他不過是在執行不得不從的軍令？有沒有人試探過他的人性，他個人的人性呢？我對其工作的毫無人性瞭若指掌。他的職業是軍人，無論如何他的情況和我是截然不同的，特別是當下這一刻。他能發現我的人性嗎？他能發現每天在他槍底陰影下經過的巴勒斯坦人的人性嗎？

我們都站在這一小塊領土上，但是他手上沒有袋子，他立足於兩面在空中自由飄蕩的以色列國旗中間，立足於國際合法的區域。

「在這邊先等車子過來。」

他用阿拉伯文說道。

「車子會載我去哪？」

「去邊界崗哨站，手續都在那裡辦理。」

我等著。

他的小房間裡（我原先以為應該要更乾淨整潔些）有一些觀光宣傳海報宣揚

6 加薩：二〇〇五年九月以色列退出加薩地區，將占領區回歸巴勒斯坦。

7 薩克森豪森（Sachsenhausen）與達豪（Dachau）都是過去德國納粹集中營區。

著……以色列之美！我的目光停在一張馬撒大的海報上，馬撒大的傳說[8]中，他們固守城池，最後全數自盡——但是他們並沒有投降。難道這是他們想傳遞的訊息，把它掛在門口是要提醒我們：他們會永遠留在這裡？這是精心策畫的安排，還是除了海報別無他意？

我望進房間：兩張椅子，一張長方形桌子，一面左上角裂了的鏡子，一份希伯來文報紙，一個小廚房，還有一只用來泡茶和咖啡的簡陋電爐。標準的守衛室，守衛的人守衛我們的國家——防備我們。

我以為他會盤查我，但是他什麼也沒說。

就算他和我說話，或者問了我什麼，我會聽他說嗎？還是充耳不聞？況且，自從坐上這張椅子開始，種種聲音就開始縈繞包圍我的靜默，我又怎麼聽得見他說什麼呢？那些聲音來自於一個個走進門圍繞著我的人，我們處在這個房間還有橫跨兩個世界的橋中間；這兩個世界，一個是他們相信，在其中快樂與悲傷的世界，一個是我即將看到的世界。

當那些來自內在的沉默喧囂塵起，我還會聽他說話嗎？尤其在這個地方？這個地方距離那些人身亡之處是如此遙遠；他們在抵達此地之前就已經殉難。

亡者沒有敲門。我晚年失明的外婆走了進來，她是位詩人，會在村裡的婚喪喜慶上即興作詩，哀傷或喜悅的詩。我曾在黎明時輕聲禱告，禱告詞是她的詩，也是我不曾在詩文裡讀過、絕無僅有的詩。她回頭睡的時候，我會鑽進旁邊的被窩，求她再說一次那些神奇的禱告文，然後把旋律帶進溫暖的睡夢中。那旋律會尾隨我到課堂上，在課本上叮噹作響，然後把枯燥的九九乘法表變成童年的頭號敵人。

我的父親走了進來，從安曼的巴雅地·瓦帝·薩爾（Bayadir Wadi al-Sayr）那個留在我身後的墓穴裡走來。他帶著靜默的溫文儒雅，細長的眼，還有他的冷靜：因為這個世界而傷痕累累，卻又與之和平共處的冷靜。

慕尼夫走了進來，死亡毀了他：毀敗了他的心與想望的美，永遠摧毀了他想目睹拉姆安拉的夢——就算只是幾天也好。

葛杉·卡納法尼[9]走了進來，除了一顆撼動整個哈茲米亞城（Hazimiya）的炸彈，沒有什麼可以使他沉默。

---

8 公元前七十三年，以色列猶太奮銳黨人（Zealot）抵抗羅馬軍，死守馬撒大（Massada），最後拒絕投降，全數自殺殉國。

9 葛杉·卡納法尼（Ghassan Kanafani）：享譽盛名的巴勒斯坦作家，一九七二年因以色列汽車炸彈謀殺身亡。

葛杉在手臂上插入胰島素導管，卻同時對我和羅德娃擠出歡迎的微笑的當口，我還會聽這個綠衣士兵說什麼嗎？只有他身後覆滿牆的海報雷電交加。

當時的海報截然不同。格瓦拉貝雷帽上的星星。列寧眉間的疑問。用筆刷描出化名的刺繡。囚在框內不羈的馬。那些我們覺得可以領導巴勒斯坦的亞洲、非洲和拉丁美洲解放領袖的照片、標語、身影和文字照片。

我在想，葛杉現在距離亞克城是更近還是更遠了？

我比較了這位青年士兵房內的海報與葛杉的貝魯特辦公室的海報。那是兩個背道而馳的世界：葛杉的世界裡可以容納聶魯達的詩、卡布拉爾[10]的字句、列寧向前伸出的手、法農的視野，還有一位小說家用來彩繪夢想的個人色彩，諸如：海水藍、杏黃、橘色，還有宛如彩虹般可以為陰暗狹窄、布滿災難陰霾的天空帶來的一切。這裡呢？我望著牆和上頭的畫。都是我國家的景色，但是在管制森嚴的邊界，它們的內容和它們之所以在此的理由是激進的。我記起納吉．阿里[11]那幅巨大的畫。

他當時邀請我與羅德娃去貝魯特海灘上的邁阿密餐廳共進晚餐。飯後他從車裡拿出了一幅畫，說：「這是他們在撒非[12]和著你的詩一起印的圖，我重畫了一次，大多了。送給你、羅德娃與湯銘。」

然後他便驅車回他位於西單（Sidon）的家，羅德娃和我則回到比烏．瑞伐基

（Beau Rivage）飯店房內。

畫中央是張小孩的臉，辮子筆直橫豎著，一根向左、一根向右。辮子蛻變成刺絲網，戳向畫框，背後是一片極暗的天。

納吉．阿里走了進來，從已經過去卻還歷歷在目的死亡中走來。他的眼裡含笑，身軀纖瘦。當時在倫敦郊區他墳前，我聽著從我胸腔中迸發的一聲哀哭。當時我望著那墳塚，喃喃說著一個字：「不！」

我喃喃說著，沒有任何人聽見，就算站在我面前，由我以手臂環肩的九歲奧賽馬也沒聽見，我們一起注視著他父親的墳。但是我再也不能繼續沉默。

那一聲「不」無止境。

它愈漸強烈。

它湧了出來。

我痛哭失聲：一聲綿長的痛哭。

---

10 卡布拉爾（Cabral）：巴西文學家。

11 納吉．阿里（Naji al-'Ali）：巴勒斯坦著名漫畫家，一九八七年在倫敦遇刺身亡。

12 撒非（al-Safir）：位於貝魯特城內。

我收不回那滯留在空中的哀哭，留它落在我們所有人身上的小雨中，落在奧賽馬、茉蒂、拉葉、卡立德、薇達以及我身上，宛如它就要這樣留在天際，一直到世紀末的審判日。遙遠的天空不白不藍，它不是我們的，它……

薇達的哥哥緊抓住我的肩膀，我聽見他說：「看在老天的份上，穆里，冷靜吧，我的兄弟。冷靜啊，讓我們打起精神站起來。」

我漸漸從痛哭中回過神來，進入一種半昏厥的狀態。我用手捂住嘴，過了一會兒，我聽見自己用微弱的聲音說：「他才是那個站起來的人，不是我們！」

我們從他的墳回到他在溫布頓的家。

他家人堅持讓我待在他的房間，我在他那些未完成的畫作草稿中睡著了。我看見他的桌椅擺在他親手所建挑高的木台上，木板把桌子撐高，以至於它和窗子齊高，望出去就是花園和天空。窗子沒有窗簾，面對世界的玻璃不受保護。薇達說她曾經為窗戶做了窗簾，但是納吉取了下來，因為他「喜歡空間」，覺得窗簾讓他窒息。當她描述他對空間的喜愛時，他墳裡的黑暗躍入我耳內。

在他房內，我和他的家人相處了一個星期。在他的小書桌上，我用他的紙筆寫下關於他的種種，關於人生、畫和死亡。我寫了一首〈狼吃掉了他〉的詩，用的是他其中一張最有名的畫作。後來我在他作品展的開幕式上朗讀了這首詩，這場展覽是伊拉克藝術家帝亞・阿札威（Dia al-'Azzawi）和其他友人在倫敦藝廊所策畫。

藝廊的門口有三位年輕男子列隊歡迎參加紀念儀式和展覽的人，他們是：

卡立德，殉難者納吉・阿里之子。

法以茲，殉難者卡納法尼之子。

哈尼，殉難者瓦帝・哈達得（Wadi' Haddad）之子。

他們正值青春年華。當我在藝廊入口和他們相擁的時候，我感到口乾舌燥。是什麼喪禮讓這些高個子和慧黠的眼睛必須站出來？在謀殺者不允許的狀況下，如今也忽然成年的他們，如何在破敗的童年環境中長大？

卡立德介紹他的兩位朋友給我認識，我和他們打了招呼。我想聽聽他們的聲音和語調。

當晚他們給我一種感覺，彷彿他們只是置身小說場景，而不是現實人生。就在我望著他們接待客人的時候，我對自己說：根據我們的傳統，像這樣站著迎接誌哀或誌慶客人的人，向來是家族或政黨裡的顯要人物（政黨裡面也有顯要人物）。如今，這些年輕人替「顯要」冠上了簇新而美好的新定義。這個詞擺在他們身上，我無法承受。

我回到布達佩斯，對未來的日子感到顫抖，離開了巴勒斯坦歷史上最勇敢的其中一位藝術家，留他在遙遠的英國國土下。

他們的臉在我身邊飄蕩，一如安德烈．盧布立夫的聖像[13]在十三世紀漆黑的殿堂裡發出幽光。這武裝警衛的房間並不漆黑，房外也不空曠。這是我覺得有史以來最熱的一天。還是發燒的徵兆正悄悄蔓延？阿布．撒爾瑪、穆因以及卡瑪爾[14]也走了進來，屬於他們的心詩，比那些案頭紙還偉大。慕尼夫和納吉接二連三的走進房內，緊繃的氣氛再度充斥整個房間。不同的臉、幻象與聲音忽隱忽現。我直視他們的目光，和聲音對話。完全與你們同在。完全的孤獨。朋友們，希望你們的黑暗能夠寬恕我這一個特別的日子！

這一切難道只是我一個人的困惑？逝者如此歷歷在目，卻又如此不可及。這困倦被死海的鹽緊緊包圍著。

我已經習慣了等待。我從來沒有輕鬆進入任何阿拉伯國家，今天自然也不會輕鬆。

車來了。

我慢慢向它走去。

高個子、皮膚白皙的司機穿了一件沒扣上釦子的襯衫。看起來他用阿拉伯文說了些什麼。他沒多說幾句，否則我應該可以判斷他是阿拉伯人還是以色列人。事情愈來愈模糊了。我們以往都會讀到有關阿拉伯工人待在以色列的事。他是「待在以色列的阿拉伯工人」嗎？還是懂阿拉伯文的以色列人？

我的疑問很快就終結了，我們抵達邊界崗哨站。

他拿了約旦第納爾幣的車資。

我走進了大廳，那裡看起來像機場的入境大廳，我看見巴勒斯坦和以色列的警察。

一列窗口專門處理要去西岸和加薩的人。

人真多。

這個大廳盡頭有扇電動窄門，以色列警察要求我把所有金屬物品：手錶、鑰匙，還有銅板等放進塑膠盤裡。

穿過門後，我和一位武裝的以色列辦公人員打了照面，他叫住我，要我拿出相關證件，讀了之後還給了我。

---

13 安德烈・盧布立夫（Andre Rublyev）：十五世紀俄羅斯聖像畫始祖。

14 阿布・撒爾瑪（Abr Salma）、穆因（Mu'in）以及卡瑪爾（Kamal）：此三人皆為巴勒斯坦愛國詩人。

為了舒緩自己的焦慮，我決定先詢問：「現在我該去哪？」

「當然是去找巴勒斯坦辦公人員了。」

他比劃了一下不遠的辦公室。

巴勒斯坦辦公人員拿了我的證件，在手上翻了個面，又拿給先前同一個以色列辦公人員，後者不疾不徐的對我笑了一笑，要我等等。我問他，在哪裡等？

「當然是跟巴勒斯坦辦公人員在一起了。」

我坐在房內，巴勒斯坦辦公人員來來去去，完全無視我的存在。

我出了神，巴勒斯坦辦公人員靜靜的坐在他的桌前，房內有兩個人，我們卻又都獨自一人。

就在那房間裡，我發現自己又縮回了「那個角落」，那個隱藏在我們心裡隱蔽的角落，那個安靜、自我省思的角落，那個當外界變得荒謬、無法解讀時，提供我庇蔭的黑暗私密空間。彷彿我有那麼一張供我使喚的祕密垂幕，當我需要的時候，便拉上它，將外面的世界隔絕在內心世界之外。每當思緒和觀察開始變得太困難、無法理解，當隔離它們成為唯一能夠維護它們的行為，拉上垂幕的動作是瞬間而不經思考的。

我來到了那塊淨空的空間，沒有任何人可以與我對話。但是這個人所身處的奇怪狀況讓我很快就跳出自己的思緒。很明顯的，協議書把他放到了手無實權的位置。所有的安全警戒、一般手續和行政程序都受他們管轄，受「另一邊」管轄。

過了一個鐘頭之後，一位辦公人員出現了，這回換了個人。

他把我帶到一個房間，房間內坐著一位穿著便服的人。他面前有一份印好的表格，問了一些相當制式的問題，沒有問任何政治性問題，然後幫我建了檔。

「現在可以走了，去領你的行李。」

又是等待，等著運輸帶送出行李。

大廳內擠滿了過橋跟我一樣等著背包的人。右手邊有間房間專門檢查抽樣包包。紙箱、家用品、電視和冰箱、電風扇、羊毛毯。各式各樣、大小不一的床褥、一捆捆的物件還有袋子。我不喜歡行李對旅人帶來的羈絆。我也討厭打開行李，露出裡面的內容，讓執行人員搜索我一無所知的東西。

戴著尼龍手套的以色列男女在充斥整個房間的袋子內容物中搜尋著，袋子的主人等著自己的所有物。

一位被徵召的金髮以色列女孩懶洋洋的比對電腦上建檔的行李編號還有貼在護照上的號碼。我把護照交給她，告訴她我只有一件行李，我可以從大廳裡面的一堆行李中指認出來，可是她還是要我等。

過了一會兒，她作勢要我進入行李大廳。

我領了我的小袋子，走出大門。

我離開大樓上路了……

眾門之門，

我們的手中沒有鑰匙。但我們進了去，

難民自離奇死亡處來到我們的出生地

難民回到我們的，曾經屬於我們的家，我們來了

喜悅中有傷

隱於淚水中，一直到即將落淚的時候。

我走了兩步，然後停步。

我站著，雙腳在這泥土上。慕尼夫走不到這一步。一陣涼意爬上我的背脊。如釋重負的感覺還未竟，哀傷未竟。

為我們敞開的出口方向是奇怪的。那方向指向這個國家，而不是他人的國家。

我站在這片國土的塵土之上，這片國土的土地上。

我的國家負載著我。

此時此刻巴勒斯坦不是流亡女性頸子上用金鍊子鍊著的金地圖。每次看到那些圍繞她們頸間的地圖，我經常在想，加拿大女人、挪威人或中國人是不是也像我們的女人在脖子上戴著地圖。

我有一次對朋友說：「當巴勒斯坦不再是晚禮服上搭配的鍊子，不再是飾品、記憶或金色古蘭經，當我們可以走在巴勒斯坦的土壤上，可以拍掉領口和鞋上的塵土，匆匆忙忙地趕著去做一些生活瑣事，那些平凡無奇又無聊的事，當我們對著巴勒斯坦的熱天氣發牢騷，覺得待在那裡生活太久而發悶，那就真的和它非常親近了。」

現在它就在你面前，你正要展開旅程。好好看它一眼。

大樓的對面我碰到了第一個巴勒斯坦人，他執掌的事很清楚明白：這位有了年紀的瘦削男人在牆邊陰影處擱了一張小桌子，坐在桌前，在涼蔭中躲避六月的燠熱。他大聲叫住我：「來這邊，兄弟！買張車票吧。」

再也沒有比被人這樣稱呼而更感寂寞的事。「兄弟」這個關鍵詞扼殺了兄弟之情。我望了他半晌。

我用約旦錢買了票，往旁邊走開兩三步，然後停住，然後往他的方向跑去追巴士。不。我其實並沒有跑，我完全就像平常那樣走著。我內心深處有什麼東西正跑著，我坐在巴士裡面，等到車裡漸漸坐滿像我一樣過了橋的人。我問司機我們要去哪裡。

「到杰里科之家（Jericho resthouse）。」

我終於進入了巴勒斯坦。但是這些以色列國旗是怎麼回事呢？

我從巴士窗口向外望，看到他們的國旗在一個又一個檢查崗哨出現又消失，每隔幾公尺國旗就出現一次。

有一種我不想承認的沮喪感覺，一種不能成就的安全感。

我的眼睛沒有離開車窗，過去那些已經過去了的畫面一直留在眼底。

在這輛緩慢的巴士上，我回想起，好像不過是昨日的事，當時在卡拉凡飯店早餐室，我們家人在一九六七年之後的首次聚會。

那是戰後的夏天，一九六八年夏天。我在科威特工作，我母親還有最小的弟弟阿拉都在拉姆安拉，我父親在安曼，馬吉得當時在約旦大學，慕尼夫則在卡達工作。

透過各種可能的聯絡管道，我們決議在安曼會面。我們陸陸續續抵達吉伯爾盧韋伯達（Jebel al-Luwaybda）的卡拉凡飯店，這家小規模的精緻飯店有三、四層樓高。

自從戰爭把我們拆散之後，這是我第一次和父母兄弟見面。我們訂了三間相連的房間。飯店本是供睡眠之用，我們卻睡不著。早晨來臨的時候，我們都吃了一驚，好像它背離了太陽系的運作，好像它的作息已經不符合邏輯，在意料之外。

我這輩子沒有嚐過任何如同那個夏日的早餐。

經過詭譎的數個月之後，能夠和全家人一起開始新的一天是美好的。我們會互相注視著對方，好像當下大家都是第一次發現對方的存在，每天我們都重新溫習母愛、父愛、兄弟之情與身為人子的感覺。奇怪的是我們都沒有把那種感覺說出來，能夠聚首飯店內的喜悅飄蕩在空氣中，圍繞著，我們感受著，卻又不想讓它太招搖，彷彿那是個祕密，彷彿我們都被要求不能張揚。

飯店本身，還有飯店的概念就已經確定了短暫的聚首、交會和結束。從第一個晚上起，我們的聚首就變成了必然要離別的恐慌。緊張的氣氛交雜著快樂。我們在決定沙拉是不是要加橄欖油的時候意見分歧，有的人想要切成小塊的沙拉，有的人想要大片的沙拉。

就在我們決定是不是要稍微出門走走的時候，緊張局勢攀升到了最高點：有人建議去造訪住在安曼的親戚，有的人根本不想出門，還有人建議去別處。但是這過程總是笑笑鬧鬧，雖然內容記不太清楚了，我卻還清楚記得那氣氛。

在卡拉凡飯店，我又重新認識了我的兄弟和父母。對每個人而言，總有些我不完全知道的新特殊狀況。對我而言不僅如此。在我舅舅阿塔不可推辭地堅持下，我在科威特找到一份在技術學院的教職，因為我既然已經畢業，慕尼夫也不可能再繼續資助我。我從來就不喜歡教書，接下工作只是暫時的考量，想等局勢明朗之後再說。

自從一九六七年開始，我們的所作所為都是暫時的，而且要等局勢明朗再說的事，可是事情過了三十年還是未見明朗。就算現在所做的事對我而言也是不清不楚的。我總是憑著一股衝動做事，也不多做他想。也許想太多就不能稱之為衝動了吧？

一九四八年戰亂中，難民都出於「暫時」的考量，到鄰國尋求庇護。他們任爐火上的東西煮著，以為自己幾個鐘頭就可以回來了。他們「暫時」四處待在難民營與鐵皮屋，突擊隊全副武裝，「暫時」從安曼開戰，「暫時」打到貝魯特，然後又「暫時」移師到突尼斯和大馬士革。我們「暫時」為解放草擬了臨時綱領，然後他們說「暫時」接受了奧斯陸和平協議，諸如此類。每個人都對自己和別人說：「就等情勢明朗。」

最小的阿拉央求和父親還有兄弟見面。我父親因為身為約旦軍隊的成員，所以不能到占領區的西岸。

我母親盤算著整個家庭的未來，儘管當時的狀況讓計畫變得非常困難，但她還是全心全意找門路。

她一心一意克服困難和分離的意志是如此堅強，疲倦的臉散發出一抹嶄新的活力。她幾乎呈三角形的綠眼眸即便在清晨最讓人昏沉的短暫片刻，依舊散發出警醒的光芒。

我父親的冷靜令人覺得就算袖手旁觀，事情總是會水到渠成。某種耐性成就了這位來自印度智者的冷靜，一種讓我母親覺得不安的冷靜，因為她總是充滿疑問，總是費力地挖掘解決方案。

他狹長的黑色眼睛總是深不可測，只有在他笑的時候可以讀出他的心，我是唯一遺傳到他細長黑眼睛的人。慕尼夫、馬吉得和阿拉都像我媽媽，有綠色的眼睛。長得極好看的年輕慕尼夫，在二十七歲就開始扮演父母的角色照顧弟弟們。他總是義無反顧，毫不遲疑的自動解決問題、貢獻心力。

馬吉得的個子一直都很高，現在又更高了。他是那種就算是天塌下來，也能笑看世事的人。他畫圖、雕塑、寫詩，卻又完全不願意發表（到現在還是不願意發表，儘管他的作品非常傑出）。他有顆機敏又體貼的心。

最小的阿拉喜歡哲學，想攻讀機械工程，他用方言寫歌詞，然後想學吹笛。他白皙的臉龐和非洲式鬈髮讓他有種獨特好看的樣子，阿拉一直都有顆赤子之心，對一位已經有白髮的人來說是很少見的。

家人的分散反而讓大家更團結，當我們見面的時候，我們四個男人重新變成了父母的孩子，儘管我們已經是他們孫子的父親。

兩個星期之後，我們就各自回家。

我們協議讓母親和父親、馬吉得還有阿拉一起住在安曼一段時間，然後回拉姆安拉更新居留許可和身分文件，這樣她就不會喪失巴勒斯坦的居留權（巴勒斯坦目前已經完全被占領）。

無論如何，也要保留占領區人民的身分。我母親依舊隨身攜帶身分證，也一直都是占領區的人民，但是他們從來沒有核發她和慕尼夫以及我的團聚許可。

我們一直都沒辦法全家團圓，一直到十年後我們在慕尼夫離開卡達前往法國之前在杜哈[15]聚首。

巴士停了下來，我吃了一驚，彷彿是它提早抵達目的地。門房在窗下喊著，我想起了巴勒斯坦各地的距離有多短。

我拿了行李下了巴士。

杰里科之家到了。

抵達這裡的人分散前往不同的城鎮。

這裡只有巴勒斯坦國旗。

招牌下的計程車大排長龍，車身上寫著都市名字：拉姆安拉、納布魯斯（Nablus）、葉寧（Jenin）、圖勒凱爾姆（Tulkarm）、卡里爾（al-Khalil）、加薩與耶路撒冷。

就像每個車站那樣，你會碰到一群為了價格而爭吵的司機：叫囂、威脅、推撞。一個年輕的巴勒斯坦警察站了出來，靜靜地平息了紛爭。

車子開往拉姆安拉。

我坐在一台老賓士車的司機旁邊，車上載了七個人。

我在車裡沉默著。也許我正絮絮叨叨地說著我的一生呢？我是不是像發燒一樣，發了我這一生的燒？你以為他睡了、靜了，但是他的整個身體都在說故事。

這些都是我的同鄉，我為什麼不和他們說話？

我經常告訴我埃及的大學朋友，巴勒斯坦綠油油的，覆滿了樹、灌木和野花。但是眼前的山丘是怎麼一回事呢？光禿蒼白。難道當時我對他們說的都是謊言？還是以色列改了通往橋的路，換成這條我童年記憶裡所沒有的貧瘠道路？

---

15 杜哈（Doha）：卡達首都。

抑或是我對異鄉人描繪的是巴勒斯坦的理想圖，只因為我已經失去了它？我在想，如果湯銘來了，一定會覺得我之前向他描述的是另外一個國家。

我想問司機這條路是不是數年來都是這番模樣，但是沒問。我感到喉嚨一陣哽咽，覺得期待落了空。

我描述的會不會是戴爾格薩那（Deir Ghassanah）四周環繞的橄欖樹，我卻說服自己描述的其實是整個國家呢？還是我形容的是拉姆安拉，這個漂亮又綠意濃厚的夏日度假勝地，卻把巴勒斯坦所有景點都想像成這般？

我真的夠了解巴勒斯坦的郊區嗎？車子繼續向前行，我繼續望著我右方的窗外，還有司機左方的窗外。怎麼又是以色列國旗？方才經過的是我們的「地盤」，這兒就是所謂的「屯墾區」。

數據都毫無意義，關於屯墾區談判的討論、演說、提案、譴責、原因和地圖，還有談判者的藉口，我們所聽到和讀到的，都毫無意義。你必須親眼目睹。

白石建造而成的建築比鄰而居，呈台階狀，一棟接一棟的櫛比鱗次整齊排列，四平八穩，有些是公寓，有些是有屋瓦的房子。這是從遠方看見的景象。

我思忖著，不曉得他們裡面的生活是怎麼樣？是誰住在屯墾區？他們被帶到這裡之前原先在哪裡？他們的孩子在牆後踢著足球嗎?那些男男女女是不是都在窗子後面做著愛?他們做愛的時候是否身邊還捆著槍?他們是不是把已經上膛的機關槍架在臥室的牆上?

從電視上,我們只看見全副武裝的他們。

他們是那麼的怕我們,還是害怕的人是我們呢?

如果你從某個講台上聽到演說者說到「拆除屯墾區」這個詞,你大可一笑置之。那又不是小孩子的樂高或曼卡諾(Meccano)玩具建構出來的堡壘,那是以色列的概念、意識形態、地理位置、把戲和藉口。那是我們的地方,他們據為己有。屯墾區是他們的作品,他們的原形。他們等於我們的缺席。整個屯墾區等於巴勒斯坦流離失所的海外子民。

我告訴自己,奧斯陸和平協議的協議者完全不清楚這些屯墾區的意義,否則他們也不會簽署協議。

如果你從車右方望出去,你會發現沿路過來的那條狹窄破爛小徑變成了一條寬敞平整的優雅道路。柏油閃閃發光,路很快的往旁邊岔開,一路通往山丘上的古典建築,你於是意識到屯墾區到了。

過了一會兒,你往左看去,你會看到另外一條平整寬闊的道路向上通往另一個屯墾區,接著你看到第三個、第四個……第十個,更多的屯墾區。

以色列的國旗在那些入口處高掛，招牌都是希伯來文。

都是誰蓋了這些地方呢？

當我過橋的時候，利庫黨（the Likud）黨魁納坦雅胡還在等候最後的當選結果，所以應該是之前的勞工黨了。

自從班・古利安（Ben Gurion）當政，勞工黨就開始在我們的土地上建築這些屯墾區。利庫黨那些笨蛋不斷大肆宣揚他們的屯墾區政策，還有新建的屯墾區。但是勞工黨那些有腦筋的人，則讓我想到很久以前讀過一則有關偷車賊的故事。

偷車賊隔天就把車子還給了車主，還在車內留了一張禮貌的道歉字條。他說不是故意要偷車，只是那個晚上需要載女友出門。他現在把車子還來了，還留下兩張電影票表達他真心的歉意。

車主笑了，嘉許這位愛人車賊的細心和禮貌。

到了晚上兩位車主開了車去戲院。

回到了家才發現家裡所有貴重物品都被偷光了。

殺手可以用絲巾勒斃一個人，也可以用斧頭砍斷你的頭，橫豎都是死。

當然，關於勞工黨和偷車賊的故事，這樣的類比也許不夠精確，但是同樣的精明和愚蠢自錫安復國運動一開始就已經可見端倪，而以色列一直以來都有這兩派人馬。

無論如何，他們都是贏家。從溫和的巧計和強大武力策略中獲利。溫和派總會不時從激烈派那邊學到一些新的語言，而激烈派在必要的時候也會從溫和派那邊學會如何婉轉說話。至於我們，身為房子的主人，不管如何都是輸家。

我們怎麼讓他們年復一年蓋了一個又一個的市鎮、堡壘和軍營呢？貝齊．巴爾古提告訴過我，他在戴爾格薩那的家可以看到屯墾區的燈光年年擴張，一直到最後包圍了整個村子。他們終於在我們長期沉默的庇蔭下，蔓延到了四處。

這地毯的織紋就是屯墾地。分散四處的建築就是他們留給我們巴勒斯坦人的東西。根據（最近的）協商，他們離開了我們的房子，卻繼續占領通往他們國家的路。可以在無數的檢查站把你攔下來，而你只能從命。

至於耶路撒冷，我是不准進入或看一眼的。甚至通往拉姆安拉臨近耶路撒冷的路，他們都改建成彎曲的道路，這樣我們連從車窗內都無法看一眼。

只有在巴勒斯坦，由持有貴賓證的領袖陪同，你才能去耶路撒冷（而領有以色列核發貴賓證的人並不會帶你去耶路撒冷，除非你是他本人的貴賓）。沒有人可以帶我去耶路撒冷。

當我抵達撒拉法（al-Sharafa）廣場的時候，我問司機知不知道希爾彌・穆塔迪醫生的家，他說：「但是他幾年前就死了。」

「我知道。」

（其實我不曉得，但是阿布・哈金〔Abu Hazin〕告訴我，他家就在穆塔迪醫生家的對面。）

我補充一句：「我要去那裡附近的一棟房子。」

阿布・哈金之前跟我們一樣都住在立夫塔威大樓公寓，但是他已經搬走了。儘管他給了我（之前他也同樣有向慕尼夫指路）非常詳盡的指標，但是我因為不能專注而且緊張，以至於記不得他到底說了什麼，接著，日落之後我就抵達拉姆安拉了。

司機說：「我知道他在馬納拉（al-Manara）的診所位置，但是我不曉得他家在哪裡。」

坐後座的女士問我想找的是哪戶人家。

「穆哈拉・巴爾古提，阿布・哈金的住所。」

她問我他妻子的名字。

我說：

「法德娃・巴爾古提。她在烏絲拉公會工作。」

她說她知道這個人，也曾經和她同事過，但是她不曉得那房子在哪裡。

另外一位乘客對司機說道：

「試著到下個左轉的地方問問，我想那位醫生的家很靠近這兒。」

司機左轉後停住，希望某個路人可以指路。當時是晚間八點三十分。但是他才停住，我就聽到有人喊著：

「穆里伯伯！穆里伯伯！上來這兒，我們在這裡！」

不一會兒他們都圍繞著我來了。

「你們爸爸呢？」

法德娃說他一看到有台上面載行李的車開過來，他就去打電話給我在安曼的母親了。

我知道我母親會整天守在電話旁邊一直到聽見我平安抵達為止。把慕尼夫從橋的另一頭接回來的經驗對她而言還歷歷在目，所以當她在橋上和我道別的時候，她的臉上有著希望和絕望交雜的複雜表情。

我也知道在開羅的羅德娃和湯銘從中午開始，就一直在等我從拉姆安拉去聯繫他們。

「我們從中午就開始在陽台等了。」

她女兒阿比兒說：「就像瞭望塔啊。爸媽在二樓陽台，山姆和我在三樓，我們都在祈禱上蒼讓你平安抵達。」

阿布．哈金張開雙臂迎接我。有著白髮的他，張開手臂向我走來，宛如奔跑而來的十字架。跑向我的快樂十字架。就在走向他家路上的三分之二途中，我們終於肩靠肩擁抱在一起。

我打電話給安曼的母親、阿拉和艾爾漢，還有開羅的羅德娃和湯銘：「我到拉姆安拉了。」

在阿布．哈金的陽台上，第一個映入眼簾的，就是掛在牆上、慕尼夫的黑框照片。

# 2

# 拉姆安拉

## I Saw Ramallah

拉姆安拉的第一個早晨，起床後我立即開窗。

「阿布．哈金，這些漂亮的房子是……？」我指著拉姆安拉和比瑞（Bireh）上頭的查巴爾塔威爾（Jabal al-Tawil）問道。

「屯墾區。」

他接著說；「要茶還是咖啡？早餐準備好了。」

重拾我和故鄉的情誼，這樣的開始無疑是特別的。政治無所不在。不過，在拉姆安拉和比瑞，除了屯墾區之外，還有其他東西。

三十年後重返兒時與年少時期的城市，你嘗試著用心誘引出喜悅，如同用大麥誘引雞群。為什麼喜悅需要誘引和激發呢？難道它不能清楚強烈地自然湧現？景色裡是否有所殘缺？許諾之中是否遺漏了些什麼，已經完成的許諾中又遺漏了什麼？難道是因為心事重重？還是你還不能適應這些熟悉的事物？你該隨之起舞或只是袖手旁觀？你討厭音樂還是樂手？

喜悅需要訓練和經驗，你必須跨出第一步。但是拉姆安拉不需要。拉姆安拉安於現狀，她明白自己經歷過了，那些親近她的仍舊親密，遙遠的依舊遙遠。她已經走了該走的路，有的時候是順著她人民的意思，但多半是聽從敵人的意思。她受了苦，也忍了過去。到底是她期待將頭倚在你的肩上，還是你希望從她的力量中找尋庇護？

讓人困惑的重逢。施與受是誰並不清楚。你常對你的女人說：愛是施與受兩個角色的混淆。所以，我們談的正是愛。很好，這也就說明了喜悅的雞群對自動的誘引有了反應（有「自動的誘引」這種說法嗎？）。你說，帶我去我的學校，去夏里・以薩（Shari' al-Iza'a），去姨公阿布・法克里的家，去立夫塔威大樓公寓。帶我去烏姆・色瑪以勒太太的家，帶我去我曾住過的房子，走我曾走過的小徑。現在你來了，重新踏上那些路徑——慕尼夫卻辦不到了。慕尼夫如今安躺在安曼的墓裡。回不來這件事害死了他。三年前他在橋邊等了一天之後，被他們遣送回去，幾個月後，他又試了一次，再度被遣送回去。事發三年後，我的母親永遠忘不了和他在橋邊相處的最後時光。他是如此渴望回到十八歲那年離開的巴勒斯坦。

該有人著手寫寫巴勒斯坦家庭中，長子所扮演的角色。從青少年開始，他就是兄長、父母親以及一家之主，還負責提供建言。他是那個只負責施予而不求獲得的孩子，負責照顧長者與弟妹的孩子，也因此觀察敏銳。

他的猝死對整個家庭而言是莫大的震撼。只差臨門一腳啊，但是大門卻沒有為他敞開。

現在我站在這片土地的一隅，站在他再也無法跨足的地方。但是當我望著等候室的鏡子時，我看見了他的臉。當我走在拉姆安拉街上，我還可以看見他匆匆地昂首挺胸走著。在橋邊政府機構遞出我的文件的時候，他的臉一直與我同在。眼前景色屬於他。這是慕尼夫的景色。

在橋邊的政府機構裡他等著、恐懼著，卻充分懷抱著樂觀。他們在那裡詰問他，之後讓我母親入境，卻擋拒了他。他們必須分開，我母親被迫繼續旅程，向西進入拉姆安拉，他則回頭東行到安曼，之後再從安曼流亡至法國，六個月後就死了，當時他還不到五十二歲。在那裡，母親對著士兵高喊：「讓我和他一起回去吧！」她和慕尼夫在彼此的肩上垂淚，在那裡做了最後的道別。

當我進入戴爾格薩那的時候，我握著他的手，並肩回到我們的舊家達爾拉德（Dar Ra'd），當我在三十年後首次跨過門檻的一剎那，悸動正如同那個飄渺的雨日，我在安曼邊境的墓園中將他的遺體移至墳穴時的悸動。

我還沒到戴爾格薩那，他們正籌備一個讓我會見村民的場合，還有詩歌朗誦。我還在拉姆安拉。

入夜後啟程前往，路途遙遠，從一九六七年我就開始漫步在這條路上，從昨日清晨一直到今日的清晨，腳步不曾歇息。

此處，固執的春天還不願意配合著時令，放手讓位給害羞而踟躕的夏天，春天用它的肩膀和色彩向前推擠，挾著一股冷冽又露氣深重的空氣，還有鮮綠又精心營造的光線——就只欠缺夏天冀望的一個結尾而已了。

城市的混沌、野地的靜謐、巴勒斯坦人民起義[1]年輕人的口號，還有國小特殊的氣味。粉筆的味道。哈米德、阿哈瑪．法爾胡，還有詳細分析時政的聰明學生的聲音。我們又要如何形容目前我們置身（事外？）的政局？我們又要如何區分意識形態、相互牴觸的見解和政治理論，還有阿布．哈金的房子，那裡覆蓋了三分之一山丘的綠色無花果樹？

從這個窗子望出去是三十年的光景；三十年，另外還有九冊詩集。那是遠方墓園一棵柳樹下，淚眼與淚水之間的距離。我從自己生命的窗口望出去，望著母親賜給我的生命，還有徹底缺席的人的生命。為什麼在喜悅的窗口，我卻充溢著悲愴的回憶？

他們都與我同在。他們是否和我一起眺望窗外？看到我所看到的？我是不是因為讓他們喜悅的事情而高興、取笑他們嘲弄的對象、反對他們所反對的？我是不是能夠拿他們的筆，在他們雪白的紙上寫下我現在想到的：烈士也都真實的一部分，自由戰士、巴勒斯坦起義的年輕人的鮮血也都是真實的。他們都不是迪士尼創造，或曼夫魯

1 巴勒斯坦人民起義（Intifada）：巴勒斯坦人在加薩地帶和約旦河西岸的暴動。

提[2]想像的產品。活著的人只會變老，但是烈士只會愈見年輕。

充滿松柏的拉姆安拉。山丘起伏，綠意以二十種美的形式呈現，這片大自然是我們的第一所學校，身在其中，總覺得其他的孩子比自己還要高壯。師範學院。約旦哈什米王國[3]。朋友。拉姆安拉中學。我們罪惡地望著那些從私立貴族高中走出來的女孩，看她們既自信又困惑的樣子，當她們偷瞄我們卻又裝作若無其事的時候，我們心頭小鹿亂撞。我們的小咖啡店。馬納拉廣場。阿布・哈金告訴我，馬納拉廣場已經被移走了，因為市中心有了新的交通系統，原來的地方裝了紅綠燈。牆上的塗鴉。巴勒斯坦起義的花朵及其透明的鋼鐵，紋路清晰一如淡紫色的指紋。

還要經過多少個三十年，那些一直回不來的人才能返鄉？我，以及其他返鄉的個體又象徵了什麼意義？這是他們的返鄉，數百萬人民的返鄉，真正的返鄉。我們的亡者還在他國的墓園裡，我們的生者還在外國邊境攀附著。橋上，詭譎的邊界和其他五大洲的邊界都不一樣，你滿懷站在別人邊界上的回憶。

還有什麼可說的？別人還是這個地方的主人，他們提供你入境許可，檢查你的文件，為你建檔，讓你癡癡的等。我渴求我自己的邊界嗎？我討厭邊界、疆界和範圍。身體、寫作、行為還有國家的疆界。我真的希望巴勒斯坦有疆界嗎？就算有，那真的會比較好嗎？

並不是只有異鄉人在邊界上受苦，公民一樣要忍受它。問題永無止境。家鄉是沒有疆界的。現在我想要疆界，以後則會厭惡它。

拉姆安拉是奇特的城市。許多種文化，許多種面貌。從來不是陽剛或嚴肅的城市。總是第一個趕上新風潮。我在拉姆安拉看到達勃卡舞[4]，恍若置身戴爾格薩那。青少年時期我還在那裡學了探戈，在安卡的撞球場我學會了司諾克撞球，我在拉姆安拉開始寫詩，然後在瓦里得、鄧亞和賈米爾戲院裡我漸漸愛上了電影，在拉姆安拉我開始習慣慶祝耶誕節和新年。

我們上盧卡布花園咖啡館的時候，不會有好奇的眼光追隨著我們（男女皆然）。那是一個有白色碎石小徑的地方，亭亭如蓋的樹蔭下，我們享用著巧克力慕斯、蜜桃蛋糕、香蕉船和奶昔。

---

2 曼夫魯提（al-Manfuluti）：埃及作家。

3 哈什米王國（The Hashemite）：約旦原是巴勒斯坦的一部分。一九二一年英國以約旦河為界，把巴勒斯坦一分為二，西部仍稱巴勒斯坦，東部建立外約旦酋長國。一九四六年英承認外約旦獨立，五月改國名為外約旦哈什米王國。一九四八年第一次以阿戰爭中，約旦占領了約旦河西岸四千八百平方公里的土地。一九五〇年，外約旦同西岸合併，改稱約旦哈什米王國。

4 達勃卡舞（dabka）：傳統巴勒斯坦舞蹈，青年男舞者成排或者圍成圈跳舞，手臂環肩。

在拉姆安拉公園、比瑞公園與納安公園裡，我們和親朋好友一起待到夜深。在烏達飯店和哈伯飯店那些精緻的桌邊，我們會認出一些戴著土耳其氈帽的名人，他們手裡端著長長的水煙筒，討論政治。拉姆安拉和雙子城比瑞的街道、飯店、公園都亮眼乾淨。

在拉姆安拉我第一次了解示威這回事，我們和耶路撒冷、納布魯斯還有其他城鎮的人一起示威抗議巴格達公約。我們還穿著短褲的時節，獲知同儕學生羅佳・阿布・阿瑪夏殉難的消息，大感震驚。我們知道慕尼夫在鞋子裡私藏非法宣傳冊，因為他還是個孩子，所以運送冊子到各地也不至於引起疑心。聽到表哥巴席爾被捕的消息，我們去探望他的母親，就住在我們立夫塔威大樓旁，慰問她並探聽消息。

為了要葛拉伯・琶沙[5]下台以及讓約旦軍隊阿拉伯化，我們舉行示威，當這些訴求都成功的時候，我們手舞足蹈（這也對往後的政治發展產生了影響）。身為十幾歲的青少年，我們注意政見各異的不同政黨：共產黨、阿拉伯社會復興黨與穆斯林兄弟會，也注意帶來蘇勒門・納布勒希（Sulayman al-Nabulsi）政局的選舉，偷聽埃及總統納瑟在阿拉伯之聲的演講——偷聽是因為只要聽這個電台就會讓人起疑，受到盤查。

在拉姆安拉，我們很開心納瑟決定將蘇伊士運河國有化，並且注意塞得港的戰爭新聞，及整個城市的抗爭。在拉姆安拉，我們慶祝埃及和敘利亞的聯手，以及阿拉伯聯合共和國的成立，也在那裡因為之後該聯盟失敗[6]而落淚。在拉姆安拉，卡希爾（al-Qahir）和查法（al-Zafir）飛彈讓我們擁抱了有強大武力的美夢，第一次聽說埃及推行「社會主義」的決定，身為學童的我們，還在想那是什麼意思。

當時我們會在賣報人阿布・哈巴伊伯的叫嚷聲中醒來，不論寒暑，他都穿著過長的英國軍大衣，衣服的下襬拖曳過拉姆安拉的大街小巷，喊著：「《帝伐報》（*al-Difa'*）！《及哈德報》（*Al-Jihad*）！《費拉斯汀報》（*Filasteen*）！」這些報紙後來都停刊了。至於哈巴伊伯後來的命運，是在我們家立夫塔威大樓公寓前遭流彈殺死，一九六七年六月那個無情的早晨，他們發現了他的屍體，那些他終其一生喊著報紙刊名的報紙覆滿他的臉和大衣。哈巴伊伯是哪裡人？他的同鄉是誰？大家都認識他，卻也都不認識他。他在自己寸步不離的拉姆安拉先是遭受流離失所的打擊，然後才被流彈

5 葛拉伯・琶沙（Clubb Pasha）：英國駐約旦軍隊領袖，一九四八年第一次以阿戰爭中，他率領約旦占領了約旦河西岸土地。他在位直到一九五六年止。

6 一九五八埃及和敘利亞合併，共名為阿拉伯聯合共和國，一九六一年敘利亞退出、恢復獨立國家地位，埃及則沿用阿拉伯聯合共和國名稱，直到一九七一年才改名為阿拉伯埃及聯合共和國（Arab Republic of Egypt）。

擊中。他是這裡的市民還是異鄉人？賣報人，誰能對你解釋兩者的不同呢？是什麼殺了你？流彈還是報紙的頭條？

儘管我們長了年紀也長了智慧，要如何說明我們在西岸將自己人當成難民？是的，我們自己人，那些一九四八年遭以色列從海濱城鎮流亡，那些從他們的故鄉移居到我們城鎮裡的人，我們稱之為難民！我們稱之為移民！誰來向他們道歉？誰來向我們道歉？誰又對誰解釋這巨大的迷惑？就算是戴爾格薩那這樣的小鎮，在童年時期我們也聽說過「移民」或「難民」這些字眼。

當時這些字眼對我們都不陌生，用的時候也不覺得怪。我們怎麼會從來都沒問過自己這些字的意義？當我們說那些字的時候，大人怎麼都不會責備我們？

我心底那個受害者難辭其咎的想法再度復甦；把錯怪罪給他人、占領者、殖民者、帝國主義者是不夠的。災難不會像美麗大自然景色中的彗星一樣從天而降。我們也有錯；我們同樣眼光短淺。我很確定，我們不是一直都是美麗的自然景色，但是這個事實不能讓敵人脫罪，免除這徹頭徹尾邪惡的原罪。這也是為什麼每次災難降臨在我們身上之後，我也尋找自己的錯、詩歌的錯。我自問，對於家鄉的依戀是不是能夠成就某種難以言喻的境界，在我的詩歌中展現出來。詩人活在空間還是時間裡？家鄉是我們在家鄉那幾年的時間的形狀。流亡在外的困頓和留在家鄉的朋友所受到的困頓毫無二致，我再也無法忍受虛假的思念。

我是否不喜歡歌頌既定內容的想法？難道這是我把詩看成結構而不是歌詠的緣故？我甚至不能用一般理所當然的浪漫情懷對女友說話，而且通常也不和那些沒有主動親近我的男男女女做朋友。如果我發現某段感情太煩人，我可以輕易的放棄。煩人的朋友總是充滿指謫，充滿責怪，想要解釋無法說明的東西，想要了解一切。如果他原諒了你的錯，就會讓你覺得他已經原諒了你一個錯。我們不能選擇家人，但是可以選擇朋友，所以，就我的觀點來看，煩人的友誼只是一廂情願的愚蠢。

我也發現自己很難隸屬於任何族群。我從來沒辦法被說服參與任何政黨，沒有參加過巴勒斯坦解放組織的任何分支。也許，對失去國家的人來說，這不是美德，而是罪惡。

不僅如此。我還拒絕過黨派或組織公開或暗示的入會邀請，因為我的決絕而付出了各式各樣的代價。有趣的是，他們之所以親近你，是因為發現你符合所需而且夠特別，你有他們想要的特性。他們暗示需要你，需要你「加入他們」。你謝過他們的建議和好意，感謝他們願意花心思在像你這樣不重要的人身上，接著解釋你情願保持獨立，不歸屬於任何組織或政黨，希望對自己所以為的天性保持忠誠的心意。就在這個時候，須臾之間，他們開始徹底地把你當成敵人或無用的人對待。

我有一些有不同政治理念想說服你的私人朋友，他們知道我不懂什麼叫做「無條件的支持」。我相信我有「選擇」的權利，小自親手在蔬菜攤挑選一斤的番茄，大至選擇我的政府，或者代表我發聲的民意代表。我不能同意某個「派系」的所有決定，我不用是非對錯來衡量某個行為，也不用「是不是被允許」或者「是不是有罪」來判斷。我的衡量標準是美學觀點。我不會做正確卻醜惡的事，就算我有權利，而總是有一些我迫不及待並心甘情願去犯的美麗錯誤，但是——

> 總是有可以傷害滿足的東西。
> 那是什麼　在它開始萌芽茁壯之前
> 就已結束！

這哽咽的感覺和想法從何而來？我在夢裡了嗎？我還沒真正的「回來」。所以我們回到政治上。那些被打敗的人是不是能和政治了無瓜葛？遠離政治？我們那些說法文和英文的阿拉伯評論家相信嗎？沒有人可以確切的解釋藝術，也不能在這方面把政治解釋清楚。他們把政治當成一種「事實」，好像從來沒有人向他們解釋過「事實」和「真相」的不同，「真相」包含了所有人的情緒和他們扮演的角色，同時包含了三個時間（過去、現在和未來）。他們口中的政治是政府、政黨和國家的決定，就好像晚上八點的整點新聞。

政治是共進早餐的一家人，誰出現了，誰缺席了，又為什麼缺席了，當咖啡倒進空咖啡杯的時候，誰又想念起誰。舉例來說，你有時間吃早餐嗎？那些永遠消失、不再坐在老位置上的孩子們到哪裡去了？你今天早上想念著誰？怎麼樣的節奏讓你迫不及待向前追求生活所允諾的喜樂，或迎接一場你希望就贏這麼一場的挑戰？這位帶著稍微彎曲的眼鏡，坐著替一位不常寫信的人打深藍色羊毛套頭毛衣的母親，她的孩子在何方？就算只是短暫的也好，溫和的嘮叨、美好的孤寂，還有完全不需要仰仗外面世界的你跑去哪裡了？隔壁藤椅上報紙遮住了你的想像，跑到哪裡去了？你今天打算訓練自己展現出怎樣小幅度的寬容？你希望做出怎樣的責備？你又希望收回怎樣的責備？是什麼威脅了你美好的錯誤，徹夜不眠壞了你的夜晚？誰破壞了你那些甜美的瑣事，只因為害怕他的威權、司機、隨從和他快樂的保鑣？誰從台灣進口了這小小閃亮的茶匙？是哪些大船劃過海洋，為你從斯德哥爾摩帶來一些零碎的古老小電器？那些花商如何收入百萬，興建豪宅，靠的是販賣花束給那些母親和姐妹，給她們帶去墓園，那些總是潮濕，因為雨水、花束和淚水而潮濕的墓園。你問為什麼連墓園的沉默都是濕潤的。政治就是桌上那些咖啡杯的數目、那些你已經忘卻、卻又驟然出現的事、那些雖然你已經把目光移開，卻還是不敢太靠近看的記憶。和政治保持距離本身也是政治的。政治什麼都不是，卻又什麼都是。

「阿布・哈金，不用，不加糖。我可能待會兒就餓了。」

三年前他對慕尼夫說：「陽台已經準備好迎接你的光臨，阿布・蓋森[7]。」

他發誓如果我和慕尼夫獲准拜訪故鄉，只能去住他家。如今慕尼夫鑲了黑框的照片就掛在陽台上。我想到慕尼夫還處在流離失所境遇裡的孩子蓋森、葛達與葛迪爾，他們的流離失所來自於慕尼夫不在他們身邊，還有他們不在此處。他們願意讓我接手照顧嗎？他們的生命中是不是有塊地方可以接納寫詩的叔叔？我在想，他們到底多了解我呢？他們將申請一塊「地方」，然後希望我、馬吉得、阿拉還有我的母親能夠在他們的生命中占領它。我從人生中學到我們必須用對方希望的方式去愛他們。在他們父親過世之後，我首先說的就是：「把我想像成你們家的字典，需要的時候，就拿出來。」

我問法德娃什麼時候要去工作，她說她放一個禮拜的假，我知道她是特地為我這麼做的，我深受感動。我試著說服她回去工作，她也答應我過幾天會回去，然後就換了話題。

「烏姆·卡莉兒很高興你來，她今晚或明天會來看你。」

「卡莉兒管理你們組織比阿拉法特管理巴解組織還行嗎？」

「卡莉兒還不錯。」她笑說。

「阿布·哈金，你怎麼拿到報紙的？」我問。「我想看看我們的報紙。」

「嗯，有時候上面會登一些東西，必須看一下。」

胡山拿著芝麻麵包和七里香蛋糕走了進來。

「穆里不肯吃早餐，你告訴他，我很頭痛啊。」

胡山待會兒帶我去巴勒斯坦總部辦公室申請身分證，同時也幫湯銘申請入境許可。

過了一會兒安尼斯走了進來，拿了第三份早餐：鷹嘴豆芝麻沙拉醬、燉豆子和芝麻蛋糕。

7 阿布·蓋森：慕尼夫的別名。

「阿布．烏尼斯[8]，你想要用茶杯還是玻璃杯喝茶？」阿布．哈金問他。他試著忍住笑，卻給了我一個淘氣的眼神，好像威脅要抖出一個塵封已久的祕密。我大笑出聲，法德娃和阿布．哈金也是，胡山和安尼斯卻只能驚訝地望著我們，我們也沒解釋笑聲背後的故事。

事情發生在我念拉姆安拉中學三年級的時候，學校舉辦了一場文學比賽，我贏了首獎。阿布．哈金和我一起出席在哈希米亞學校大禮堂的頒獎典禮，他們在那裡頒獎給各個學術科目、運動等項目中拔得頭籌的學生。

每個學生都要上台和長官握手，然後受獎：一支派克筆、一個小皮盒、一些書或手錶一只。

我被叫到名字，我上了台，長官握了我的手，但是他沒有把獎品遞給我，反而指著台上一個很大的紙箱。我走向箱子的時候，阿布．哈金從觀眾席走出來，爬上台幫忙我抬這個意料之外的大負擔。外頭雨下得猛烈，與有榮焉又體貼的阿布．哈金堅持幫我把箱子一路搬回立夫塔威大樓。我們回到家的時候衣服滿身濕透，不禁揣想奇怪的箱子裡面到底裝了什麼。

結果是茶具組：四十八件上好瓷器杯組、碟子和茶壺，全部飾有上好的手工繪圖。自此之後，阿布．哈金經常探訪我們（最後我們終於住在同一棟公寓了），每次來喝茶我們都用普通玻璃杯招待他，直到有一天他到我們家的時候剛好碰到我們一位親戚來訪，這位親戚還帶著兩位年輕（而且未婚！）的女兒。這時候偉大的茶具就端上來了，會客室四處奉茶。這時阿布．哈金婉拒了茶水，說道：

「玻璃杯就夠了！」

然後繼續說著：「當老天的雨水淋在我們身上的時候，是我挑著那些茶具，但是它如果不是拿來榮耀那些擔當得起的人，就得一直留在紙箱裡面！我對老天發誓！」

從那天起，只要有客人在，我母親一定會把茶具組拿出來。戰後因為不斷的移走各地，我母親就沒有留下她具有歷史的茶組。

安尼斯、胡山和我出發到巴勒斯坦總部辦公室遞交「團聚」身分證的申請表，這張證照可以提供我公民的權利——遲了三十年。

之後，安尼斯開車前往位於拉姆安拉和耶路撒冷中間的蘭姆（al-Ram），到計畫與國際合作單位上班，留我和導遊胡山在拉姆安拉四處走。

---

8 阿布．烏尼斯（Abu al-Uns）：安尼斯別名。阿拉伯語系中，al有定冠詞的功用。名字中如果有al-，後面接的字可能指稱其家鄉或祖先行業。

去見負責官員的時候，我不敢相信我的眼睛，他居然是阿布・薩吉，我當時在貝魯特的好朋友，誠懇、冷靜、大方、熱心又有風度。我們倆失散已久，對重逢早已不抱期望，而今再度看到對方安好，擁抱在一起。

「阿布・薩吉，既然他們選擇了你來和這裡的人打交道，我相信他們總算知道怎麼做事了。」

我是認真的。我把文件交給了他，湯銘的出生證明也需要交給他以申請獲准進入巴勒斯坦，但我沒有把出生證明帶來，所以要請羅德娃寄來。

差不多一兩天事情就可以辦好了。我們離開了辦公大樓。

就在這個地方，我母親鎮日等著從以色列軍事政府官員手中領回一份份的文件。每次她需要去杜哈、開羅、貝魯特、巴黎或布達佩斯看她的兒子，或者到科威特看她的兄弟，或者去安曼旅館和任何人見面（如果有人可以進入安曼的話），她都要申請新的許可。就在這個地方，她遞交「團聚」申請，然後申請讓我們可以探視她的許可，但是每次都被拒絕。拉姆安拉被占領的這些年來，這個地方是數以千計巴勒斯坦人日日飽受煎熬和苦難的地方。他們的問題還在，問題依舊複雜難以解決，但是自從一九六七年開始，在這塊見證了他們飽受羞辱的地方，至少現在有張笑臉可以迎接他們。

是的，在以色列占領之前，生活不是樂園般美好。

「我們那時候自有處理事情的辦法。」

人們會這麼說，某個人就會接下去：「但是等到被占領之後……」

然後就此住了口。

占領讓你沒辦法用自己的方式去處理事情，它干涉生死的每個面向，干涉一個人的想望、怒氣、慾望和街上的走動，干涉到任何地方的去來往返，干涉去市場、去醫院急診室、沙灘、臥室或遙遠的城市。

這裡同我說過話的每個人都告訴我，他們當下最喜歡的往日時光，是那些可以在外面待到很晚[9]，在親朋好友家徹夜不歸的時光。但是在這裡，所有的一切都是暫時的。那種安全感也是暫時的。

以色列可以隨心所欲的隨時封鎖特定地區，禁止任何人進出，直到封鎖的理由解除為止。「理由」總是源源不絕。城市之間設起了路障。我也是在這裡第一次聽到「穆薩姆」（muhsum）這個詞，「穆薩姆」是希伯來文邊界的意思。嶄新的自由感覺只是暫時的。關於「居民」和「返國者」問題的討論還會持續下去（而且將會持續好

9 自從一九六七年之後，巴勒斯坦開始有各種宵禁限制。

一段時間）。新政府和人民的關係體系還是巨大的未知數。巴爾．宰特大學（Bir Zeit University）教授告訴我，所有處理人事的法律在政治、經濟、社會學、人權、個人權利的框架下成形前，關於「居民」和「返國者」問題的討論還是會持續下去。

我希望能夠跟這些教授見一次面，向他們展現我的敬意，然後透過他們向大學表示敬意。以色列的占領讓這所大學吃盡了苦頭，相對的這所大學也讓以色列的占領受盡苦頭。我不是去發言的，而是去聆聽，去學習、回憶和致敬的。在造訪我的出生地戴爾格薩那之前，我先拜訪了巴爾．宰特大學。我曾經在我所住過的不同國家中遇過這所學校的師生，但是我從沒有向他們表達過，當我看到他們在壓力和艱困環境中，寫作且希望無窮又正面的努力時，我有多歡喜。

我認為塔尼亞（Tania）和翰那．納瑟（Hanna Nasser）[10]的決心和文化貢獻可敬可佩，也為此而敬愛他們。我經常在以色列占領當局關閉大學，或者他們放假造訪安曼的時候碰到他們。我知道大學遭遇的困難與經濟的困境，但我也聽說他們靠著微薄的資助興建新教室，而且努力讓學校與時並進。

在漂亮的山丘上，我終於看到曾經是巴爾．宰特學院，而今已然成為知名學術重鎮的大學。關於「居民」和「返國者」的問題，是我和巴爾．宰特學者首度會面時討論最久的議題之一，這領域需要考慮到很多敏感問題才不致犯錯。

（其中一個部門裡面，我遇見的大部分主管都是從貝魯特和突尼斯來的，端茶和咖啡的侍者進來的時候，有位主管介紹他，說是「巴勒斯坦人民起義的猛獅，讓以色列占領當局很頭痛！」）

巡禮校園，經過學院、白色建築和課室的時候，我駐足在理學院的入口處，那裡有個銅製的紀念匾額，上面刻了協助建造學院大樓的巴勒斯坦流離失所的海外商人，還有些從波斯灣來的阿拉伯商人的名字。我看到許多名字，有些我認識，絕大部分我不認識。名單中有他的名字。有多少人可以來此看到他們的名字銘刻在銅製方形的匾額上？又有多少人，像慕尼夫那樣，再也看不到呢？

三年前，在我們安曼的家裡，那女孩頭紗下的臉蒼白又哀傷。在擁抱我母親的時候，流下淚來，接著坐在眾多致哀者的中間，她是個安靜的陌生人。我們一位坐在她旁邊的親戚問她：「女孩，妳怎麼認識亡者呢？」

「我不認識他，我也從沒有見過他，但是我知道他的名字。他寄了我的學費到我學校，今年已經是我大學最後一年了，我是在晨報上看到他的訃聞，所以才拿到你們

10 該校教授。

的住址。」

接著幾天其他學生也來會見我們。

每天我都走在拉姆安拉的街上，想要重拾過去的影像和過去的韻律。當我們來到了一個新地方展開新生活的時候，我們總會在它身上找尋一些舊的記憶，這不奇怪，是不是？是不是有些對陌生人而言是新東西呢？還是，陌生人在世界上到處遊走，帶著有往日痕跡的籃子？那些痕跡褪掉了，手卻還緊緊抓著籃子。

我在想，路上的行人會不會把我當成異鄉人呢？他們匆匆一瞥的眼神，是不是看到了我手中的籃子？

每個聽到我來訪的朋友都來看我，並帶我到城裡的四處走走。我說話、聆聽、問問題。事件、探險、字句，述說的人，還有事情發生的順序逐一湧上心頭，灼熱的韻律，彷彿是我想要一次用所有感官去徹底感受拉姆安拉一樣。

如今我回首寫下那些日子的點點滴滴，憶起的片段沒有遵循先後順序。順序並不重要。

我為造訪戴爾格薩那的那一天而籌備著。我準備回到最早的家園。我準備去看達爾拉德。

戴爾格薩那的每棟房子都有名字。我們從來就不曉得房子的名字從何而來。「拉德」很可能是我們祖先的名字，因為村裡其他的房子都是依人而命名的，你可以找到達爾薩里（Dar Salih）、達爾阿塔席（Dar al-Atrash）、達爾阿博德阿吉茲（Dar ‘Abd al-’Aziz）、達爾薩伊得（Dar al-Sayyid）等，我想我們家的名字達爾拉德也是這樣來的。我們也不太確定我們這個算是鄉下巴勒斯坦地區最大的家族，怎麼有巴爾古提這樣的姓氏。

那些以傳統為榮的人告訴我們，姓氏源自巴爾（al-birr），是「虔誠」的意思；以及高什（al-ghawth），「救濟」之意。至於那些以身分地位和財產為榮的人則說，我們的先祖名為高什（Ghawth），因此他的子孫擁有的大片土地就名為「高什之地」。

對我而言比較合理的字源說法（雖然我承認比較不浪漫，而且也沒辦法取悅信服家族大老）很單純，就是從巴爾古提（al-Barghout）這個字而來，意思為「跳蚤」。畢竟在古老文化中，依動物、鳥類和昆蟲名字命名是很平常的事：老鼠（al-Far）、貓（al-Qitt）、駱駝（al-Gamal）、狼（al-Deeb）、象（al-Feel）、獅（al-Asad）、虎（al-Nimr）。

一九七七年初，已故詩人阿布・撒爾瑪有一次和我們共進晚餐，羅德娃當時已經懷孕，他說，這既然是家族的第一個小孩，他的誕生會是特別而奇妙的經驗，於是問我們打算怎麼幫孩子命名。我原本打算告訴他，羅德娃和我考慮過的一些名字，但是我反過來說：「建議一個名字吧，溫文儒雅又好聽的名字，一個男孩名，一個女孩名，我保證就用你命的名……」

他想了又想，然後轉過來面對著我，眼裡閃爍著光芒，淘氣地笑說：「問題是，如果名字後面硬是要接巴爾古提這個姓，我要去哪裡找到一個溫文儒雅又好聽的名字啊，穆里？」

我的名字到不同的國家就有不同的詮釋，也不是都不好。還在布達佩斯世界民主青年聯盟時，我的工作需要大量旅行，我很高興西班牙和義大利朋友叫我阿爾巴爾古提多[1]。我經常自言自語：「阿布．撒爾瑪，你在哪裡，你看到這個你以前不喜歡的名字嗎？」我甚至告訴朋友關於我名字的故事，前提是在跟他們熟識之後。

某年暑假，我在哈瓦那為聯盟舉行座談會，一位匈牙利籍、兒時在哈瓦那長大、精通五國語言的朋友麗拉帶我去波多及托咖啡館，這是一爿小店，但卻是很受歡迎的市中心咖啡館，販賣墨吉多（mojito）。

「麗拉，什麼是墨吉多？」

---

1 阿爾巴爾古提多（Albargutito）：西班牙和義大利陽性字尾經常以o作結尾。

「海明威最愛的飲料，他以前都來這裡喝這個。」

「我們頭頂上吊在天花板的椅子是怎麼一回事？」

她站了起來，豎了豎自己紅襯衫的領子然後聲明：「這是海明威以前來波多及托喝墨吉多時坐的椅子，後來這裡又有個受麗拉邀請來輕鬆一下，名叫阿爾巴爾古提多的傢伙，拚命問問題，讓她很頭大！」

「很好！」

我鼓掌喝采，然後問道：「不過說真的，巴爾古提真是個可愛的名字，不是嗎？」

「別太高興，」她說。「我問過薩林．塔米米這名字有什麼意思，他說這名字沒比『蚊子』好到哪裡去。」

巴爾古提家族的女兒只能嫁給家族裡的人，這也是為什麼家族人口與時增長的原因。只有在一九六三年，家族長老歐瑪．薩里．巴爾古提允許家族一員把女兒嫁給非巴爾古提的追求者。至於青年男子則可以迎娶家族以外的女性，但是一般而言，還是以巴爾古提的女性為佳。

你可能會發現某位巴爾古提的族人深深以這種家族世系為榮，吹噓家族的文學能力，還有絕大數族人的機敏和幽默。但是你也會發現有人，比如說阿布．羅夏得總是喜歡說巴爾古提家族是死氣沉沉的地主，對自己的地位和工作毫無興趣。他還說，他們只是讓人閒嗑牙的話題而已，家族裡面有些人擁有好幾座可供馬匹馳騁的村落和土地，但就是沒有想過買部車子。不過你還可以找到另一派巴爾古提家族的人同時對這兩種說法嗤之以鼻。

巴爾古提家族住在一片七座村落比鄰而居的山坡上，這個地方稱為巴尼柴伊德村（Bani Zeid），村落的中心就是戴爾格薩那。

我們去了達爾拉德，那是棟有寬敞院落，三面環繞房間的大宅，第四面則是村裡廣場清真寺的牆。如果你俯視大宅，你會看到環繞院落的房間都是水泥圓頂。一株樹幹粗厚的巨大無花果樹伸展枝枒，俯瞰整個大宅和院落。我的祖父輩和父執輩都嚐過這樹的甜美果實，村人無一例外。

從達爾拉德的大門向外望有一大片草原和橄欖樹林，順坡而下，幅員向外擴展開來，愈見原始，一直延伸到受艾恩德爾泉滋潤的肥沃山谷。艾恩德爾泉是水和故事的源頭，也是整個村莊的命脈。

我在阿布．哈金、安尼斯、胡山、阿布．亞庫柏與瓦辛的陪伴下來到達爾拉德。中午我們的車子終於在宅院前面停住，我跨過門檻，擁抱嬸嬸塔拉爾，從她的右肩上，已看不到那株回憶中屹立不搖的無花果樹了。

「嬸嬸，誰砍了那株無花果樹？」

原本長樹的地方是一大塊水泥，無花果樹是從壯大樹幹與土地接壤的地方砍斷的。我和鄰居們會了面，卻一個也不認識。阿姨把我領到達爾拉德右廂，曾經屬於我們的那個房間。懲罰到此結束。

達爾拉德是不是否決了我的達爾拉德故事？
分離和重逢的我們是否仍然依舊？
你還是你嗎？我是否仍舊是我？
外地人是不是回到了過去曾待過的地方？
回到原處的人是他嗎？
我們的房子！
誰又能將他們眉上的倦意抹去呢？

在這裡，母親生了我，這是我出生的房間，時為以色列建國[2]前四年。房間寬敞雪白，四角分別有圓柱撐起高聳的圓頂天花板，一如你在清真寺和教堂看到的那般。在這裡我們度過了舊日時光，包括我外婆烏姆·阿塔，還有我父母、慕尼夫、馬吉得、阿拉。

有人在牆上開了個矮門，門的另外一頭通往叔叔伊伯拉罕的房間，兩個房間併在一起，現在是我寡居的嬸嬸塔拉爾住的地方。以前這裡有五個家族，現在只剩下她一個人了。

她在院裡種滿了樹：葡萄樹、蘋果樹、柑橘樹、杏樹和李樹，還有蔬菜：萵苣、芹菜、洋蔥、大蒜和薄荷。嬸嬸啊，別人大概又要開始叫我們「牛之家」（Dar al-Tur）啦，嬸嬸。（這個稱號是別人給我們達爾拉德家族的人取的，原因不明。當有人叫我們Dar al-Tur的時候，我們的父母就會說，他們已經移除了第一個字母的兩個點，變成Dar al-Nur〔光之家〕，但是那個稱號還是一直尾隨我們至今。）

「我已經老了，身體又弱，人都移民或過世了，我要餵誰吃無花果呀？我兒子嗎？沒有人摘果子也沒人吃，無花果都在樹上乾透，掉了滿院，把我累慘了，所以我把它鋸了。」

我叔叔的妻子烏姆．塔拉爾是目前唯一住在達爾拉德家的人，形隻影單。每天下午，她那方形的院落裡就成了四十九位和她同輩，還留在戴爾格薩那寡婦的聚會場所。她們的丈夫、兒子和女兒分布在墓園、拘留所、工作場合、反抗組織、烈士名

2 以色列建國於一九四八年。

單、大學院校，或者在世界諸國分擔家計，從卡加利（Calgary）到安曼，從巴西聖保羅到沙烏地阿拉伯的吉達（Jeddah），從開羅到舊金山，從阿拉斯加到西伯利亞。

有些人一直都離不開祈禱氈，也有些人一直離不開威士忌。有些人在世界各地的大學讀書或教學，有些人出門抗戰，就此一去不回。有些人在他們的專業領域忙碌著：醫學、工程、航空和貿易。有些人在波斯灣工作，有些人在聯合國工作，有些人靠人施捨過日子，有些人靠著偷點小錢過日子。

這裡所有人的收入都是從橄欖和橄欖油而來，那些還能勞動的，不管男女，就在橄欖園工作。但是在波斯灣工作的兒孫輩或者丈夫收入，則是更重要的經濟來源，留居國外的人會將匯款交由那些持有身分證或團聚許可的人帶回來，或者透過拉姆安拉或安曼的銀行匯款，波斯灣戰爭結束時，數以千計的巴勒斯坦人被逐出科威特，村裡許多家庭的生計就受到了波及。

瑞陽・伊本・阿瑪得在科威特擁有一間名為「春天書店」的小書店，後來回到戴爾格薩那牧羊。有些返鄉在自己的土地上蓋房子，之後靠積蓄過活。那些曾經在科威特為公家機關或者私人產業工作的人曾經設立「戴爾格薩那基金會」，用來幫助最需要幫助的人，後來因為大家都不得不離開，基金會也就告終。

一位意志堅定的婦女法特瑪・賓特・阿布・薩夫在七十歲那年，決定重新開張已經荒廢多年的榨油廠，如此一來大家就能自行榨油。

阿布．哈金將他在達爾薩里家的上層樓清出來給胡山當做電腦訓練中心，胡山買了三部二手電腦，請了一位專家教戴爾格薩那的小男生和小女生。他說第一批學生還有兩個星期就可以結業了，已經準備好招收第二批的學生。

這裡的人不准在村子邊緣，或在任何以色列認定有安全考量的地方蓋房子或者是工作。

從一九六七年之後，我發現買橄欖油這件事真是痛苦。從懂事開始，家裡總有橄欖和橄欖油，村人從來沒有人買橄欖油或橄欖。村子把橄欖油和橄欖賣到拉姆安拉、安曼還有波斯灣。但是自家用的話，他們向來都是從橄欖園拿橄欖，從榨油廠把油送到儲存室，油桶裡的橄欖油四季源源不絕。

對巴勒斯坦人而言，數百年來橄欖油一直是旅人的禮物、新娘的慰藉、秋天的餽贈、儲藏室的珍藏，還有家族的財富。

在開羅的時候，我不讓橄欖油進家門，因為我拒絕以公斤計重買油。我們是用罈子來秤油。橄欖油裝在像可口可樂的綠色罐子看起來很可笑。但是沒有油的日子久了，回到戴爾格薩那的日子又遙遙無期，我只好接受最簡單卻深沉的羞辱，走進雜貨店把手伸進口袋，首次買了一公斤的油。那一刻，感覺就像是面對了戴爾格薩那已經是遙不可及的事實。

至於無花果，在我流亡的期間早從生活中銷聲匿跡，直到某次我在雅典菜販攤子上看見。總會起個大早去買來當早餐吃，飯店的早餐一次也沒碰。

某年夏天，我在維也納看到他們單賣無花果，我花了將近一塊錢買了一顆。我對羅德娃和湯銘說，我剛犯了個冒犯達爾拉德的罪狀，我外婆阿塔如果知道我竟然花錢買這麼一顆無花果，她一定會把我送到伯利恆。

「為什麼是伯利恆？」羅德娃問道。

「因為那裡有個精神病院！」

我在戴爾格薩那的第一個任務就是去慰問烏姆．阿德里太太。阿德里是戴爾格薩那學校的一名學生，當時巴勒斯坦人民起義正如火如荼，以色列士兵為了疏散示威而鎮壓學校，阿德里當時敞著雙臂跑向前關上學校大門。一顆子彈射中他的胸腔，一顆射中頭部。血漬灑在鐵門、草地，還有那些把他扛回母親身邊的同學身上，從那一刻起，他母親就孤伶伶在世上了。

多年前，阿德里太太失去了父親、母親和丈夫，為獨子阿德里而活，而阿德里卻在校門前殉難。戴爾格薩那最大的房子達爾薩里，建造於四百年前，坐落於達爾拉德旁，除了阿德里太太，沒有其他人了，他們已經不在人世。

形單影隻的她，臉上還有著多年前灼傷的舊疤，有著厚實雙手和綠眼睛，身著莊稼服，總是坐在偌大房子的一樓，放眼四周，可以看到野草蔓生在腐朽的樓梯上（通往樓上房間的野草便沿途留下裂隙）、拱門邊，甚至到了因為歲月留下痕跡而色澤深沉的牆上。她幫我倒了茶，並且給了我充滿母愛的擁抱，眼神裡的光澤已經褪色。她和我聊起慕尼夫，我則和她聊起阿德里。我們說了一會兒話，接著沉默許久。沉默是我們還能應付的事。

我抬頭望了望她父親的房間，阿布．哈珊是村裡面最瘦的人，他不識字，但卻是當地算術最好最快的人，過去是會計兼屠夫，雖然這兩項工作都不是他的專職，但村裡好歹還是要有個人精於算術，也要有人賣肉。

如果隔天他要宰一隻羊，他會問所有人需要哪個部位，有人可能會想要一塊肩胛肉，有人想要肋排，也有人想幾斤肉片，或者一隻腿。他會確定自己可以把羊的每個部位都賣出去，並且立即記住每個人預定的部位。一切都確定之後他才會宰羊，在村落廣場上分發出去，然後收錢。如果他和你夠熟，你還可以（暫時）賒帳。

哈珊的妻子幫他生了十四個孩子，有四個女兒活了下來，其中一個就是阿德里太太，希克米亞。我還在布達佩斯的時候，哈珊先生過世了，我一直到多年以後才知道。

我們離開了達爾薩里，然後轉到達爾達伍德去悼念盧艾，盧艾在村子的入口遭到子彈殺害，經過他那血濺之地豎立的紀念碑時，我們向他報告了巴勒斯坦起義的事。他當時丟了顆石頭，他們朝他開槍，留下村人的哭喊。盧艾和阿德里當時都不滿十八歲。

接下來是在村落廣場上會見大家的時刻。

他們希望我為戴爾格薩那的人朗誦詩。在甫從美國和安曼兩地回來的安尼斯和胡山的推動下，今天舉辦村裡有史以來的第一場文化聚會，還邀請了巴尼傑依德村鄰近的人。

我完全忘記通往戴爾格薩那的路長得怎麼樣了。我記不得從拉姆安拉到此二十七公里長的路上，兩邊村落的名字。困窘讓我說謊，每次胡山向我提到房子、地標、道路或者事情，我總是迅速回道：「我曉得。」事實上，我不曉得，我不再曉得了。

倘使我不認得故鄉，那要如何歌頌？我應為我的歌備受讚美還是受譴責？我是不是說了點謊？說了大謊？欺騙了自己？欺騙了別人？

如果不了解所愛，那種愛是怎麼樣的愛呢？我們為什麼再也不能信任那些歌？是因為事實的塵埃強過讚歌的幻影嗎？抑或是，神話已經從它高聳的雲端，掉落至現實的窄路？

以色列成功地把巴勒斯坦神聖的面向剝除了，並且將它變成一連串的「程序」和「時間表」，而程序和時間表通常只有政黨之爭中比較弱勢的那一黨才比較重視。

除了這缺席的愛，對流亡的人來說，還剩下什麼？就算不切實際又代價高昂，但是，除了依附那些歌曲之外，還有什麼呢？還有在流亡中出生，那些根本不懂我們這個世代所了解的巴勒斯坦的新世代，又怎麼說呢？

已經結束了。長期的占領讓在以色列出生的以色列世代不曉得另外一個「故鄉」誕生，同時巴勒斯坦的世代也已對巴勒斯坦陌生，那些流亡生活中誕生的，完全不曉得故鄉的一二事，只知道故鄉的故事和新聞。那個世代只熟稔他們所在遙遠國度的街道，卻對故國一無所知；那個世代從來沒有在故國犯過、鑄下任何極小的錯：那個世代從來沒見過外婆蹲踞在爐灶前，為我們準備麵包沾橄欖油，也不曾見過村裡那個傳教士戴著頭巾和阿澤里虔誠的躲在山洞裡，偷看村裡的女人和女孩在艾恩德爾泉的水池中脫衣沐浴。沒錯，這位教士偷了她們的衣服藏在黑莓樹後，如此一來他就可以盡情的觀賞誘人的女色。他一輩子都不會看到如此誘人的場面：諸如那些歐洲的夜店、他孫子在盧蒙巴大學（Lumumba University）和其他西方城市的墮落派對，法國皮革耶（Pigalle）和聖丹尼斯（St. Denis）紅燈區，或者羅斯・貝魯特（Ras Beirut）以及西帝・布薩伊得[3]的泳池內。

以色列的占領製造了一個沒有地方可以回憶顏色、味道和聲音的世代，那個地方應該是原原本本隸屬於他們，之後在分崩離析的流亡中，還可以供他們回到那地方的回憶裡。沒有上面擺著軟布娃娃和白枕頭的童年床褥可供回憶：只要大人不在家，白枕頭馬上變成枕頭大戰的武器，讓他們開心的尖叫。大概就是這樣。以色列占領使得我們這一代人有幸崇敬那些無名的人：他們遙遠、困頓，他們的四周被官兵、高牆、核子飛彈、恐懼所圍繞。

長期的占領已經成功地把我們這些巴勒斯坦的孩子變成巴勒斯坦概念的孩子。我開始相信自己是個詩人，是當我發現抽象和具體的印象都已斑駁；發現我能精準掌控具體而微的細節，感官敏銳，還有與生俱來特別好的眼力；發現相機的語言公平公正而且出神入化，能夠沉靜的表達畫面，儘管那畫面於史於實一點也不沉靜。接著我努力擺脫和讚美詩歌相生相依的詩，擺脫初期的敗壞。

當年我們經常爬上阿伯德法塔的公車或者阿布納達的公車，清晨時和父親或母親一同前往拉姆安拉，然後在日落前搭乘同一部公車回到戴爾格薩那。

車掌會領我上車，他自己則爬到車尾的長梯上，精神奕奕地整頓車頂上的行李箱，之後他會沿路站在駕駛旁邊的台階上。我們都叫他「肯多」（al-kontrol，控制者之意），有的人稱呼他「庫姆薩里」（al-kumsari，部長之意），那是仿埃及方言帶著尊崇的稱呼。

有一次我和他一樣站在台階上，從山丘邊和剛收成的田野間吹來的風颳進了我的肺葉，白色的夏季襯衫飄然鼓起，從那一刻起，我的夢想就是變成車掌先生。

短短幾分鐘站在階梯上的樂趣只發生過一次，我卻羨慕了車掌先生好長一段時間。在公車上不管站或坐，飛逝而過的橄欖園，還有山丘頂端高矮不齊、零散盤據的小村落總是百看不厭。我記不得從戴爾格薩那到拉姆安拉路途上的全盤細節，我只記得旅客必須穿越巴爾・宰特學校和那比撒拉林區（al-Nabi Saleh Wood）。

巴爾・宰特學校後來變成了重要的大學，至於以樹林稠密著稱的小林地，胡山告訴我，它已經變成一大片名為哈爾米希（Halmish）的以色列屯墾區。以色列接管了這片樹林與林區邊緣的大片土地，他們建了房子，帶來了居民，至於通往林區的路就像其他通往屯墾區的路一樣，巴勒斯坦人不得進入，專屬以色列人。

3 西帝・布薩伊得（Sidi Busa'id）：貝魯特的豪華住宅區。

我們經過林區，接著到了進戴爾格薩那路途中最後一個定點貝特立瑪（Beit Rima），胡山停了車，說道：「下車從這兒看看戴爾格薩那吧，你可看見它覆蓋整個山頂。瞧！看起來就像明信片的照片。」

村落的範圍不是只有房子而已，還涵括周遭環境：田野、山泉、洞穴、小徑、山脈，還有一代傳一代，內容卻恆久不變宛如有書為證一樣的故事。

戴爾格薩那擁有這一切，但奇怪的是，範圍只有房子。那些和金字塔的石塊相異，卻讓你想到金字塔石塊的巨石，那些和耶路撒冷的石牆不同，但是卻從同一個石場鑿刻出來的石塊。厚重而深沉的石塊。那些恍若堡壘卻又不是堡壘的房子，那些狀似浪漫卻完全不浪漫的房子。那些住著富有人家和窮苦人家，聰慧的和蠢笨的，識字和不識字者的實用房子。那些有數百年歷史的房子，它們有巨大的拱門入口，還有圓頂狀的屋頂。（穆罕瑪德．阿伯拉許〔Muhammad al-Abrash〕以前經常把他的駱駝拴在達爾薩里拱門下，巨大的動物身軀在門前也不由得顯小。）

山丘頂的房舍。我心頭的房舍。童年我造訪過所有的房舍。我還記得那些水泥圓頂，那些厚實牆上龜裂處長出來的青苔。我還記得房舍是如何緊緊倚靠在一起，記得那些撐起夏日藍天的拱門的枝微末節。

「穆里！我燒掉它，但是它又活過來，抽了芽。你相信嗎？」

胡山指著一株從他達爾薩里二樓房間牆壁竄出來的棕櫚樹，在空中伸展出新生的嫩葉，底下是田野。

「天啊，棕櫚樹！你相信嗎？」

從石塊裡長出來的植物活了數百年，房子已然腐朽，但是你從這裡可以看見房子和植物緊密相依，讓人感到一種堅毅和力量。我們又走近了些。

我們穿越了學校，學校是踏入達爾格薩那首先會映入眼簾的東西，它建於一九二○年代，所有巴尼傑依德村的孩子都曾在這裡讀書。必須徒步幾十公里來上學，或者騎驢子來。師生必須穿越山谷和冬天的大水而來。

整個歐洲沒人相信我說的，學校老師、家長、清潔工、校長，還有數百位學童通通來自同一個家族，通通姓「巴爾古提」（而我對那些歐洲人來說，卻總是獨來獨往，沉默孤獨的一個外地人）！

在這所學校，教導我宗教的是烏茲塔·巴爾古提，我們就讀小學的時候，還不曉得，列寧在世時是個共產黨員，而且因此在二○和三○年代末入獄。這位烏茲塔先生也是我們的親戚，阿布·哈金妻子法德娃和她兄弟胡山的父親。

嗯，這就是達爾格薩那，出現在我的出生證明上，在我攜帶流亡各處的護照上填補了「出生地」的空缺，出生地隔壁那欄是「出生年月日」：一九四四年七月八日。

達爾格薩那在開羅大學的外國學生檔案、外國囚犯辦事處還有哈里發流亡單位（Khalifa Department of Deportations）中都有記載，在遙遠城市的入境簽證上，這名字用外國文字寫著。每次我說了地名，別人都還要問：「老兄，你是從哪兒來的呀？」大部分人都對我的答案不滿意，他們一定要聽到「拉姆安拉」才行，那才是他們認識的地名。

如今達爾格薩那差不多就要躍出紙面，變成真實。真實的深沉色彩、塵土飛揚的路、狹窄的小徑，那些極端接近死亡與亡者的墓園，周圍被生意盎然的仙人掌環繞，那些沒有尖塔的清真寺，位於村落廣場正中央的客棧，那些拱門和圓頂，那些領著莊稼漢到田野或井邊的牲畜氣味。外婆阿塔頭上頂著水罐，從艾恩德爾泉走來解我們的渴、取水煮飯、洗滌、注滿水壺，客人吃完我們從爐灶裡烹調好的食物後，我們學會提水壺澆在客人手上，讓他們洗手。

達爾格薩那再也不是概念，或者檔案項目。當我經過她的身旁，她對我凝視而望，不再抽象。很快地，當安尼斯車子的引擎熄火的時候，她就能認出我來，解開圈住三十年歲月的巨大括號，流亡境遇將取而代之，變成括號裡面的東西。

但是在街頭遊戲的孩童，沒有一個認得我。

我沒有權利去感覺那輕微的激動，但是的確感覺到了。我希望有人可以認出我，就算是那個沿著街慢吞吞一步一腳印走過的老人也不認得我，我也不認得他，但是我也沒過問。在自己的故鄉問像旅客般的問題：這是誰？那是什麼？該有多蠢啊！

我們愈是靠近村落廣場，愈能看到離別和分散留下的痕跡。這些日子以來，它慢慢變了；當村裡的人都不在的時候，達爾格薩那引進了電力，電話纜線牽過許多屋頂，一、兩條街鋪了黑亮的新鮮柏油。

我們開得更近了。棄置的屋舍以毋庸置疑的沉默訴說著故事。我早該預料到拱門、大門、屋簷、門檻和台階的腐朽，實際上，當我看到拉姆安拉悲哀的改變時，已經預料到如此淒清的景象。假使占領可以讓那個城市殘破不堪，自然也不會放過這個村莊，對爭取豐富與成長的城市基礎徹底絕望。

我注意到村落尾端有個高高的清真寺尖塔，於是問人是不是有人替他們的清真寺建了尖塔，胡山說他們蓋了新的清真寺。達爾薩里以及達爾拉德牆上的哈瑪斯[4]紅色

---

4 哈瑪斯（Hamas）：巴勒斯坦的主要回教基本教義派運動，具有廣大的社會行政網絡，並以自殺炸彈攻擊以色列，主要反對巴勒斯坦領袖阿拉法特堅決與以色列之間的和平之路。

標語仍舊清晰可見。在村落廣場我看到了學校的殘垣斷瓦（學校多年前就毀了）有效率而完美地整修過了。聽說左翼義大利組織捐獻了一些基金，要在此成立育幼院。這片土地的某些地主對此惶惶不安，感到憂心忡忡，懷疑這是居心叵測，並試著阻止，並對那些展現熱忱的人投以不同程度的指責。

村落的所有權分別隸屬於分布全世界的數十位繼承人，有些甚至不曉得自己繼承了戴爾格薩那的土地，就現實的考量而言，要讓所有的繼承者對某塊土地、某棟房子或橄欖園產生共識也是不可能的。但是當他們看到新的育幼院照片時，也就冷靜了下來。

嗯，這就是村落廣場了。那就是戴爾格薩那的客棧，男人每天聚會談天、舉辦婚喪喜慶，或者迎接隔壁村落或國外旅客的地方。我馬上就聞到客棧後面那堵牆後傳來的黑咖啡和豆蔻香氣，猶舒・耶賓在那裡用一種跳舞似的韻律感就著木製研缽搗碎咖啡。這廣場和客棧現在就在我的面前，攤在五官前。石塊，而不是石塊的畫面——三十年來我第一次親眼看見了。

他們的身軀、衣服、白色的頭巾，還有他們的臉都歷歷在目，呈現在我的面前，彷彿他們都還活著，從我流亡時寫下的詩中走出來。我的父親。叔叔伊伯拉罕。姨公阿布・法克里。阿布・烏達。阿布・塔利伯。阿布・猶達特。阿布・貝齊。阿布・居哈兒。阿布・以薩特。阿布・姆提。阿布・穆塔迪。阿布・瑞辛。阿布・薩夫。阿布・阿德爾。阿布・哈珊。他們從彩色的草氈上復活了，氈子花色將永遠留在我記憶中（儘管我如此健忘）。

建造客棧的人所愛
好客的地方，
淘氣笑鬧的居所，
訕笑威權的居所，
過夜的居所　只要爭執還在
世界各地的新聞還在，
彷彿他們身軀下的氈子
就是聯合國！

但是，他們並沒有復活。村長或莊稼漢沒有，慷慨或小氣的人沒有，那些愛我們或恨我們的人沒有，那些好人或殘酷的人也沒有。他們都在死亡中老去，連同他們的地方也是。

脫離了孩童時期的天真，我不再希望亡者復活，希望他們回到過去的樣子，也不希望重拾當年的戴爾格薩那，也不想重拾當年的童年歲月。我知道時間已逝，這不是用譬喻作文章，我知道對於城市和村鎮而言，占領之下的意義。

在拉姆安拉的最後幾天，我深刻認識到占領對它造成的影響，現在這個村落也訴說著同樣的故事。即便是離開這麼長一段時間之後第一次返鄉，就算最鐵石心腸的人也會偶爾讓多愁善感的氛圍卸下防備，我仍舊無法對過去的戴爾格薩那滴下一滴淚，也沒有寄望重建年幼時的村落。對占領之罪的質疑，讓我想到以色列人讓此地「殘破」的程度。

我一直認為所有的占領都只是想把所謂的故鄉塑造成當地人記憶中的模樣，變成一個「象徵」的綜合體。純粹的「象徵」而已。他們不允許我們興建村落，讓村子也能分享城市的便利，或者與城市齊頭並進，變成比較現代化的地方。老實說吧，當我們住在村子裡的時候，難道不渴望著城市？我們難道不希望離開又小又窄、單調的戴爾格薩那，跑去拉姆安拉、耶路撒冷或者納布魯斯？我們難道不希望城市可以變得像開羅、大馬士革、巴格達和貝魯特那樣？渴望永遠都會推陳出新的。

占領迫使我們必須維持老舊。這就是它的罪行。它沒有剝奪我們過去的泥灶，卻剝奪了我們想創造而不可見的明日。我並非來此收回阿伯拉的駱駝。我曾經如此想念戴爾格薩那的過去，如同一個孩子想念已經遺失的珍貴東西。但是當我看到過去依然還蹲踞在村落廣場的夕陽餘暉之下，宛如被主人遺棄的狗（或者說是玩具狗），我很想抓住它，踢它向前，推它走向未來，走向更好的明天，告訴它：「跑啊！」

# 4

# 村落廣場

I Saw Ramallah

我不是因為跟從藝術潮流而不再浪漫，而是生命本身的能耐就是消滅人類的浪漫情懷。生命把我們推向了現實的塵土。

建築不是唯一受時間摧毀的東西，詩人的想像力注定是要崩毀的。突然間我的想像力就像建築物一樣塌坍了。當我望著那些好像還沒死去的建築物時，它們早已死絕了。客棧裡除了空無一物之外，還是空無一物。我的悸動如今已毫無意義。

我在想，這次的經驗是否和當年我終於結束十七年的禁制令，重新獲准回埃及的經驗相提並論：回到我過去讀書、工作和居住多年的城市，我的浪漫懷想（就像通俗愛情劇裡頭情侶期待的那樣）就像個無底洞。

羅德娃告訴我多年的上訴終於有了成果，我的名字從開羅機場的黑名單中移除了，當時我人在安曼，正準備以阿拉伯作家協會受邀會員身分飛往卡薩布蘭加參加阿拉伯詩文慶典，這個慶典通常與一般作家會議共同舉辦。當時羅德娃連同其他的埃及知識份子也受邀參加了同一個會議。

她在我離開安曼前兩天離開開羅，我們在卡薩布蘭加的旅館碰面。我一走進大廳，羅德娃便從一群朋友身邊走過來，雙手張開迎向我，坐在大廳裡喝著摩洛哥茶的作家們議論紛紛。

這回我的行李很大，裝滿了需要長久定居而不是暫住兩個星期的衣物，我們每天打電話給湯銘，他開始翹首盼望父親回家定居。

我不是回到羅德娃身邊，而是和她「一起」回家。那感覺就像是她牽著我的手，帶我回到那幢被迫離開的房子，在那個醜惡又遙遠的秋日，他們拆散了我和她，拆散了我和湯銘。

機場外，湯銘失去了耐性，雖然所有的人都已經準備展開漫長的等待。對失去耐性的旅人來說，開羅機場特別令人難受，所有事情都以慢動作進行，只因為有人自以為把事情打理得很好。就某種觀點來看是這樣的。

我們在晚上回到家。（奇怪的是，回家的過程都在晚上。另外，婚禮、焦慮、喜悅、拘捕、死亡和狂喜也是。夜晚是極端的呈現！）

我們徹夜未眠，三人聊著闊別之後的人生，我們在不同房子裡活過的日子終於在這棟房子裡合而為一。

當日子一天天的過去，我開始懂得，當生命按了某個鈕，讓事情照你期望的那樣運轉的時候，你無法在驀然間感到欣喜；當你終於等到了多年來癡癡等待的喜悅時刻，你也已經和過去不同了。你肩負著過去的歲月，這些時光無聲無息、慢條斯理的改變了你。

我的歸來，是在把慕尼夫的軀體放進一去不復返的黑暗之後，是在我母親飽受面對未來的恐懼之後。湯銘現在正在準備學校最後的檢定考試，埃及所有學子的噩夢。當年他們到陽台下方來拘捕我的時候，我正在收洗好的尿片，十月的風正把它們從曬衣繩上撕扯下來，而湯銘才五個月大，裹在羊毛布料的毯子裡用嘴唇快樂地吸著母乳，望著光潔乳房的乳頭貼著光溜溜的唇面。現在他已經是個必須刮鬍子的男人了，三年前我們幫他買了整套刮鬍子的組合，還有只比我小一號的衣服。

我必須切割記憶，分成荒謬的過去，由湯銘和羅德娃構築的家庭真真切切的現在，還有我們無法決定的未來。切分過去讓人心力交瘁的回憶以及剛獲得的幸福根本就是不可能的。記憶不是用工具、數學計算和計算機描出來的幾何圖案，美好歡愉的區塊和痛楚的區塊壁壘分明。首先，需求本身就難以獲得平衡（就算我們致力達到），我們同時需要等量的親密距離。重新開始和重拾破碎的過去的感覺互相衝擊著。「回到」這棟房子的明白事實，卻被這個家和一些身在遠方即將回家的人的共同未來所困擾著。

過去我們遭遇的是「清楚的流離」，現在還要遭遇「不確定的回歸」。的確是的。我們終於理解到（這是個新領悟），那些回來的人肩上都扛著包袱，任何敏感的人都看得出來，就像看見霧茫茫的港邊搬運工人直不起腰桿那樣。

現在我們需要放慢腳步。過去的震盪終究會慢慢平息，以某種形式完全的平歇下來。這需要魔術師一般的從容，十足的緩慢，讓幸福寧靜的感覺以溫和的方式在我們身上產生反應，這些感覺沒辦法一觸即發，慢調子讓我們學會如何接受新事物，把它當成自然的進程、世事運行的方式。我們必須積極而緩慢地和新事物共處。

我們一起學習。房子也學著看我們重新聚首，習慣在許多早晨看人穿著皺巴巴的睡衣，睜著張不開的眼睛找拖鞋，發現有人早早出門買咖啡去，只因為昨晚我們把咖啡喝完了卻沒發現。羅德娃等我回來等了十七年，直到我回來的時候，我把整個十七年一併帶了回來，而她也有十七年。

自從被驅逐出境之後，每次獲准回開羅，我總是盡可能地花時間待在家裡，放眼屋內，望著書架旁的棕色沙發、印有抽象圖案的窗簾、窗戶邊的書桌、那些草稿，還有不成文的句子。每次暫時的歸來都能完成另外一半的句子，只因為流離的過程就是一個未完成的句子，所有的一切都未完成。

他們把你從一個地方抓走只是瞬間、電光石火的事，但是你的歸途卻是漫長的。你望著自己默默地回來，永遠都是這樣默默的。你在遠方度過的歲月也睜眼望著，好奇這位陌生人要如何在這個失而復得的地方自處，而此地又要怎麼處置歸來的陌生人？

至於和這個城市的情誼，又是另一番故事了。我長期不在的時間裡，開羅已經自行發展出新面貌，各種情分因時制宜，成了後來的樣子。有些路標還在原地，但是又不完全在同一個地方。某間咖啡館關門了。朋友們有了新朋友。新團體形成了，敵意也是。職位、野心還有忠誠都重新洗牌。人們每日的作息都已經定了樣，初來乍到的人著實很難在其中找到容身之處。過去的朋友都順應需求和抉擇過著生活，至於是什麼需求和抉擇，我一點也不清楚。那些和你一同起步的朋友，各自的命運都極端不同，有人變成權傾一時的人物，有人失去了某項長才，卻又發展了其他長才，有人變成主編，有人在海外工作，也有人已經把你遺忘，當然也有你已經忘記的人。

一九七三年，羅德娃告訴我，她要去麻州大學念博士，我覺得這個主意不錯，所以她離家而去，我則繼續在開羅的莫和帝辛（Mohandiseen）待上兩年。我們家總是擠滿了朋友，有些已經是文化界知名的人物，有些則還在電影、戲劇或音樂界，不過最主要是詩的領域摸索。我的第一本詩集在一九七二年初出版，我和那個年代的所有知識份子都有往來，當我再度回到開羅的時候，那個社群已經分崩離析，死亡或不同的命運注定讓我無法和七〇年代初的團體再見面，除非是因緣際會的巧合。

碰到往日的舊友，你會發現人事已非。有一天我和某位曾經負責布達佩斯印行世界民主青年聯盟雜誌的匈牙利朋友開玩笑，說：「蘇薩，我的女朋友都離開我了，要怎麼把她們追回來？」

我永遠記得她的回答：「我們匈牙利有句俗話說，甘藍菜冷掉了還可以加熱，可是它已經永遠的走味了。」

我不特別喜歡吃甘藍菜，我也不喜歡用食物比喻人情冷暖，早年那些日子的滋味已經消失無影，但是民間俗語普遍都能精準地用三言兩語道盡人情世故。

回到開羅之後，更證明東西遺失了之後，要找回那種純然的喜悅已經不可能的。我很驚訝自己對這片土地的想像此時還繼續延續下去，即便我很清楚地明白自己已經走在多年來魂牽夢縈的夢土上。

在這個我已經尋回的失物中，曾經遺失了什麼？是我漫步的人行道獨特的模樣？韻律？某種日昇日落？我期待在某個孤獨的夜晚聽到（或已經聽到）的跫音？還是某日清晨匯聚成我喜歡的某種樣子的繚繞晨霧？某些路正中央排列成行的樹？同樣的問題永遠都在：問題就在接合兩段不同的時光根本是不可能的。時間不是一長捲紗布，而是永不止息的迷霧。

即便你是個浪漫派，時間總會冷酷地矯正你，讓你與現實緊緊纏繞。

這是姨公阿布．法克里的墳。

暮色中躺著的這位「鬼才」，是位擁有溫柔聲音卻身材高大的人，外貌綜合了戴高樂和演員安東尼・昆的特色。打從我認識他開始，他就抽菸斗，他總是在菸斗裡塞滿他稱之為「赫紗」（heisha）的劣質菸草。他是村裡唯一抽菸斗的人，他要是穿了新衣服，多半只能高興一天，因為隔天衣服就會被他不離口的菸斗給燒出個洞來。有天他說了件事讓我很驚訝：「孩子，姨公我去了塞得港。」

「你為了什麼去塞得港呢？」

他回答我的樣子好像我問了一個極蠢的問題：「為了我想要去塞得港啊！」

有天晚上他持槍前往他在戴爾格薩那外頭的橄欖園所在地比塔拉（al-Bitara），因為他聽說有人盜採他的橄欖，結果回來的時候自己食指裹了繃帶，因為他射傷了自己。

他的收入仰賴橄欖的收成，一年當中大部分的時光他都口袋空空，一個子兒也沒有，因為他過於慷慨。比起和法克里姨婆，他和朋友在一起總是自在些，因為他的出手大方已經讓法克里姨婆高度警覺。只要姨婆一不在，他就邀請所有街坊鄰居的孩子，然後把姨婆堅持要永遠保存的孫子的舊衣服通通送光，接著又害怕她生氣，所以就買捆繩子把自己綁在椅子上等姨婆回家，等她回家後就說小偷偷走孫子的衣服，然後把他綑了起來。姨婆是個聰明人，自然不信，這個故事後來變成了家族的趣聞。

法克里姨婆是個極為嬌小的女人，尤其當她走在他身邊的時候，你特別會有這種感覺。有次他們從安曼那頭一起過橋回來，以色列的士兵先完成了法克里姨公的文件，要他往前移動，姨公卻止步不前，說是要等自己的太太，說著便指著法克里姨婆。那位以色列人看著高大的法克里姨公，然後又望了望他的妻子，便用破爛的阿拉伯文問道：「你和夫人在一起多久啦？」

「五十年囉，卡瓦加（khawaja，對非阿拉伯族群者的稱謂）。」

以色列人微笑說：「夠倔！」

「烏姆・法克里，妳聽聽，他還真了解我！」

我學會寫字以後，我就開始幫他寫信，眾親戚裡面，我最喜歡他。他是我在布達佩斯的時候過世的，他的孩子各奔東西，分散在沙烏地阿拉伯、約旦、奧地利、阿拉伯聯合大公國，還有敘利亞，沒有一個留在家裡。

我悼念過他和他的兒子，他兒子就像爸爸一樣大方、瀟灑又樂天。他的插科打諢和個人事蹟保證所有和他說話的人都笑得闔不攏嘴。他和妻子蘇雅德以及幼女莫莉曾去布達佩斯探望我，幾年後他死在沙烏地阿拉伯，並葬在那裡。

這是猶舒・耶賓的店，他是一位莊稼漢、理髮師兼極佳的達勃卡舞者。他的店家和客棧隔著的那堵牆已經塌坍了，天花板也垮下，入口的地方被石塊堵住。

我們又更近了些。

那位無法忍受任何小孩從她壯碩的杏仁樹上摘杏仁的烏姆・納茲米太太，她當年擁有的杏仁園現在已經變成了墓園。我得請求她的寬恕，因為我把她的身影寫進了我的詩〈食慾之詩〉（Qasidat al-Shahawat）：

> 我們心頭有著小孩子的竊盜慾念，
> 溜過有張像泡過水的餅那樣臉頰
> 的老太太的吝嗇，
> 就要去偷她園裡的杏仁。
> 我們的快樂就在於讓她看不到我們。
> 但要是她看到了我們，那就更快樂了。
> 但是最最快樂的
> 是她的枴杖逮到我們其中一個
> 修理他一頓。

午餐之後安尼斯提議我們在他家先休息一陣子，我們便從毀了的大門走進那棟巨大、有多間房間的大宅，門口的破瓦殘礫堆得像小山一樣。

夏希瑪和齊格魯拉是這裡唯二的女性，她們都已年過七十，終身未嫁，兩個人個子嬌小，但是齊格魯拉又比夏希瑪稍微矮些，她們臉上的皺紋幾乎一模一樣，兩人隻身住在這廣大的廢墟中，誰也不和誰說話：多年來她們一直處於敵對和老死不相往來的關係裡。大門垮掉的時候，阿布．哈金對我們安曼的親戚開玩笑說，這兩位女士是搭乘直升機進出這棟房子的。

安尼斯從美國回來之後，他整頓了其中的一間房好讓自己棲身。我受不住炙熱的天氣和疲倦，遂脫了上衣打赤膊躺在涼爽的地板上，我雙臂攤開如十字架般睡著了，然後在眾人吵鬧著準備去廣場上聽我讀詩的聲音中醒來。我要讀什麼呢？

每次讀詩之前我都問自己同樣的問題，毫無例外。但是這次朗讀本身是一場例外，我一如以往般把抉擇留到最後一秒：等到我上台面對聽眾的那一秒。

當我寫詩的時候，我沒有限定讀者，但是當我受邀讀詩的時候，這些人卻是限定的，是特定的一群聽眾。詩不是為「他們」而寫的，但是我應當為「他們」讀詩。我總是這樣想，最後我和聽眾之間總是能激盪出火花，我這麼認為，他們也作如此想。

我還記得在開羅、安曼、突尼斯和摩洛哥幾場特別的朗讀，但是今晚的感覺讓人困惑。他們真的想要聽詩嗎？還是他們只是想迎接我平安歸來，依例行事？我把問題留到最後一秒，走上了客棧外的小小講台。

嗯，這些便是他們的臉了。那些死裡逃生的老人，還有遭到管制留下來的年輕人。坐在他們後方的是祖母級的女士太太，還有四十九位寡婦，至於小孩子依舊是四處跑跳，奇怪村子的廣場怎麼突然間變成了劇場。胡山和安尼斯說，一九四九年村裡有些年輕人在清真寺屋頂上演出一齣戲。

上台之前我先在聽眾席走了一圈，和每個人、男女老少逐一握了手。有些人還記得我，有些記得慕尼夫，所有的人都還記得我父親，他們稱他哈南（al-Hanun，仁慈的人）。安尼斯和胡山憑著他們善體人意的心，特別介紹他們認為我已經忘了名字的人。「這位是阿富，是阿布·阿富的兒子。」胡山介紹道。我熱情地握了握他的手，他是位年輕高大，像他父親一樣英俊的金髮男子。多年前我參加過你父親的婚禮呢，就在這個廣場上。

「所以你就是阿布·阿富的兒子呀。」

那一瞬間，過去的畫面突然生動地在我面前顯現：穿著白色薄襯衫，身材苗條的年輕人慕尼爾·阿布·扎齊在他哥哥法柯里（後來變成阿布·阿富）的婚禮上，帶頭跳達勃卡舞，村裡的女孩已經把清真寺的屋頂變成天台，她們在上頭唱歌、鼓掌並且開心的快樂叫喊。跳舞的人都迫切地想站在好位置，好看到那些女孩，但是阿布·扎齊讓他們通通背對著清真寺，只有他一個人才能夠看到天台上的女孩子，因為他是帶舞的人，所有的人都要注意看他的腳和舞步。

當年在廣場上目睹婚禮的時候，我還是個孩子，現在我卻站在同一個地點，要在村裡有史以來第一次的朗誦之夜讀詩。我不曉得漫長的日子以來，當跳舞的人都已經分散各地，阿布・扎齊的舞如何一直保存在我的記憶裡。不同的事件把我從戴爾格薩那帶到了拉姆安拉，繼而又到開羅、科威特和布達佩斯，終於在布達佩斯，我把整個畫面寫進了一首詩〈眨眼〉（A Wink）。

我站在戴爾格薩那的廣場中，後面便是客棧的牆，左手邊是達爾薩里，右手邊則是清真寺的一堵牆，前方則是我們家達爾拉德的牆。

慕尼夫的身影充斥了這塊地方，不是他的魂魄或者記憶，連同他的身軀、眼鏡、好看的臉和柔順的頭髮確實替這個荒廢的廣場成立了復興的研究和計畫。他想把這裡變成露天劇院，變成藝術家的工作坊，還想成立育幼院和農業學院，計畫把那些拱門、圓頂和大門往日的榮景找回來。

有次我和他在法國依瓦禾小鎮，深受那個村落的歷史、花朵和豐富的文化生活感動。他說：「只要我們悉心照料戴爾格薩那，它也能像這裡一樣，或者更好。」

是的，所有環繞我的一切和埋藏在我心中的一切都明白指出，我應該以一首獻給他的哀歌作為起頭，我希望把他帶回這裡，把我的話說出來。我希望他能與我同在。

懷著母愛的男子
他的母愛讓他母親帶上一點陰鬱
少了一點笑，
她害怕自己的羊毛外套裡
會有根傷心的線頭。
誰膽敢讓他柏樹般的身軀折腰？
誰膽敢把這顫抖
送到他肩膀周遭的空氣裡？
誰膽敢扼殺美麗那聲求助的最後哭喊？

我讀了〈巴伯．阿姆德〉（Bab al-'Amud）[1]還有其他的短詩，我的聽眾都感動了，他們歡笑，他們哀傷，我完全而強烈地抓住了他們的感受。

儘管巴勒斯坦人民起義的活動因為奧斯陸和平協議而緩和下來，其標語還是覆蓋了清真寺和達爾拉德的牆面，覆蓋了所有可以用粉筆或顏料寫字的東西。它們多半是哈瑪斯的標語。心緒此時飄到了政治和政客的大災難上，但這是朗誦詩的場合，且讓我們整頓心緒，讓它們和讓人心酸的殘垣斷瓦一同平息下來。

這些人已經受夠了心酸，就讓這些感覺留在你的詩裡吧，然後最後的最後，且讓活著的人把日子過下去（儘管以一種隱微的方式）。我讓聽眾回想起了阿布．阿富的婚禮，並且把這首詩獻給慕尼爾．阿布．扎齊（不管他身在何方），朗讀道：

婚禮上她眨了眨眼
那男孩就為之瘋狂了！
彷彿家長們和那個夜晚
還有年輕人們的肩膀　為了逃離巴勒斯坦人民起義的哀傷而尋求庇護
至於嬸嬸和長老們
都無所謂了。
他是這支舞的帶舞者，
在他手巾的揮舞中　整個夜撼動著，
至於那位讓他在這純淨的夜晚獨領風騷的女孩，
正是這個村落。

1 巴伯．阿姆德（Bab al-'Amud）是指位於耶路撒冷的大馬士革門。

他盡可能地伸長他的右手，
一而再　再而三地甩出手巾，
他讓精靈坐在他的肩膀上　接著甩開　然後欠身
他讓精靈坐在他的膝蓋上　接著甩開　然後直身
他一腳迅速地踏入大地
另一腳像槌子般高舉　又像柱子般靜止下來
假使他差點就要在一聲擊掌中失足
笛子的拉力也能扶住他。
他獵捕了黑暗一如夜色高塔裡滲出來的想望，
正如她眼中的光采。
胸膛和其毛髮隨著他的左右甩動而汗涔涔了，
而背上的汗水垂直落下。
心的矜持隱藏了所有心事，
白色的襯衫從肩膀一路溼到皮帶
露出可以數出關節骨的背脊
再眨一眼吧　就算我命絕於此！

再眨一眼吧　就算我要生生世世等下去！

總是有些時候，我必須對著不是特別熱衷文學或詩的聽眾讀詩，詩就變成了一種臨場考驗。過去這幾年，我有兩次這樣的經驗。安曼的國立女子學校校長海法．那吉爾邀請我朗誦給學生聽，這些是十到十七歲左右的女孩（自然在這個年紀，她們也沒有多少讀詩或聽人唸詩的經歷）。這回則是第二次。

我拿著麥克風，在「叔伯」輩的長輩前朗誦，站在村長、莊稼漢、牧羊人、眾母親、老奶奶、受過教育、不識字甚至小朋友的面前，這些人集合在村落廣場上，這裡是頭一遭有詩人站在這裡。

在安曼的學校和戴爾格薩那的客棧前，我的某些焦慮消失了，那些對「普通老百姓」和我們寫出來的作品兩者之間關係所產生的質疑也一掃而空。當晚節目告了段落，我對胡山說：「朋友，沒有觀眾是一無所感的。」沒有一無所知的觀眾，每個人都擁有自己的生活歷練，儘管是很簡單的歷練。

這是我畢生首次在一列列穿著傳統服飾的村民面前讀自己的詩，其中有八十歲乃至於八歲的聽眾，絕大數人從來沒有進過劇院，也不曾擁有任何詩集。一九五〇年代的時候，村裡的瘋漢阿伯德．沃赫愛上了村長的女兒，並為她寫了許多動人的情詩。

我們小孩子只要在村裡或者艾恩德爾泉區碰到他，總是害怕得發抖（他對此是大惑不解）。但是他其實一點也不瘋。他之所以被人說成瘋漢，主要是因為他寫詩，而且一無所有的他妄想娶村長的女兒啊！

朗讀結束後，和村民的交流討論緊接而來，關於流離、疏離、回歸和政局的問題接踵而來。我猶記得後排某位女士的問題，她問：「回到故鄉你看到最美的事物是什麼？」我當下真誠地回答：「你們的臉。」我走下了講台，快樂與神奇的哀傷交融，接著發現自己被一群孩子給團團圍住。他們遞出自己的鉛筆、學校的習字本或者從習字本上撕下來的紙張讓我簽名，他們推擠著，眼裡閃著屬於孩子迷人的、既嬌羞又淘氣的光采。

有那麼一剎那彷彿真的只有純粹的喜悅，只是有個苛責的聲音喝道：「等等！」某個殘忍又傷人的思緒竄了出來：穆里，戴爾格薩那了解你嗎？村民又了解你嗎？關於你經歷的一切，你和他們相隔兩地的三十年之中，已經對你造成影響的事，你的認知、抉擇，還有一切的好與壞，他們又知道什麼？他們對你的語言了解多少？這些語言在某些方面而言和他們的相似，有些方面卻又不同，你心思的語言、演說的語言、沉默和孤單的語言、不安或滿足的語言，他們懂得多少？他們沒有目睹你髮色漸蒼的過程，他們不認識你的朋友，不了解你的習慣，而就算他們認識且了解，他們會喜歡嗎？對於家庭議題、女性、性、文學、藝術和政治的立場，他們會喜歡嗎？他們不曉得你所掙脫的壞習性，還有掙脫之後又新染上的習性。他們以為你對被砍掉的無花果樹其實沒那麼生氣。他們不認識羅德娃和湯銘。完全不曉得在他們（或你自己？）不在場的時候，到底發生了什麼事。你再也不是多年前他們看到的穿越廣場去背九九乘法表或聽課的一年級小學生。很多人記得這回事嗎？無論如何，他們也無須記得。你自己也不曉得他們這些年來過得如何，他們在你記憶中的身影既恆久又錯亂。他們不也變了嗎？烏姆．塔拉爾反常的熱衷於談政治。他們告訴我，村裡很多年輕人都是哈瑪斯的支持者，烏姆．塔拉爾和無花果樹的關係比我還更緊密，砍樹必定是因為某個時刻必要的措施，只是我不曉得而已，因為我人在他方，而她人在當場。就是這麼簡單。也許我是那個必須住在這裡的人，我可能也會親手摧毀、興建、種樹或者砍樹。誰知道呢？他們在這裡過日子，我則在他方過日子。兩地的時光能夠貼合在一起嗎？又要怎麼達成？貼合是必要的。那些小男生和小女生，如果他們三十年來每天傍晚都能看到我和他們的父親、叔伯輩在一起，他們還會要我這樣一個陌生的詩人在他們的習字本上簽名嗎？

阿布．哈金提議在天黑前回拉姆安拉。我才抵達，以色列政府就決定封鎖西岸地區，因為大選在即，他們害怕哈瑪斯趁機活動，緊張情勢不容置疑。

戴爾格薩那和拉姆安拉的路被屯墾區包圍，一到晚上，它們亮起的燈顯示了它們的幅員，最大的是位於拉姆安拉郊區名之為貝特．以勒（Beit II）的屯墾區，它位於A區的邊界，A區隸屬於巴勒斯坦管轄。這條路則隸屬於B區的範疇，同時受以色列和巴勒斯坦兩邊共同管轄，換言之，實權在以色列士兵的手上，有人告訴我，所有接連巴勒斯坦村落和都市的路都是同樣的情況。

回到艾恩德爾泉區是不可能的，那個屬於阿布．姆提的王國，他窮盡八十年的時光播種、灌溉、開闢水道，把山坡開發成梯田，讓水能滯留，土壤也不會流失。從二十世紀初開始一直到數年前他過世為止，他就不斷將收成好的橄欖裝袋，然後運送至阿布．薩夫的榨油廠。他在艾恩德爾泉區種植了各式各樣適合這裡氣候的東西：蘋果、各式無花果、橘子、檸檬、葡萄柚、石榴、榅桲（quince）、桑葚、洋蔥、大蒜、西洋芹、萵苣、各種彩色的椒類、番薯、花椰菜、甘藍菜、穆魯卡西亞草（mulukhiya）和菠菜。他一點也不喜歡那些沒有他照料而自行生長的野生藥草，像是錦葵、鼠尾草、甘菊、穆拉草（murrar）和庫魯法辛草（khurfeish），雖然他過去常試著教我認一些奇怪的草藥名，還有更是怪異的治病功能。他是個調節水的大師。他不識字也從來沒離開過村落，但是他有辦法利用有限的水源，灌溉整座山頭和山谷，一滴也不浪費，就像足智多謀的農業工程師。他個子嬌小，他的兒子姆提曾經形容他「個子跟橘子差不多」，儘管他種植悉心照料這麼多植物。「艾恩德爾泉區已經毀了，小兄弟，」烏姆．塔拉爾說道。「現在那裡黑莓蔓生，豺狼四竄，你應該親眼去看看。」我沒去，也不想去。

我的頭擱在阿布．哈金家的枕頭上。又是一個旅行者歇腳的家，讓頭歇著的枕頭。我和這個地方的關係實際上是一種和時光的關係。我在拼湊的時光裡移動，有些片段我已經遺失了，有些我擁有了一陣子，但是後來又遺失了，因為我總是沒有家。我試著尋回一點過去曾經屬於我的時光，但是已經失去的，重新拾起就不再完好如初，再回頭時，已經不是往年的樣子。艾恩德爾泉區不是一個地方，那是一段時光。鞋面上留下斑斑的雨水痕跡是最後那場雨留下的，儘管我們的眼睛告訴我們雨水早已乾涸。黑莓的刺在我們小時候，迎著夕陽回家奔向母親的時候，早就已經將我們手掌和腰側刺得流血了。現在的我還想再次倉皇穿過黑莓叢嗎？不，我只想要倉皇而過的時光。艾恩德爾泉區是那段慕尼夫仍是孩子，而叔叔伊伯拉罕仍是個莊稼漢兼獵人的時光，他的陷阱總是可以把鳥從四座山丘上引過來，最後在這天與地的遊戲中，落在他開心的手指間鼓動翅膀。他告訴過我鳥兒們的愚蠢，說牠們只看得見穀類，卻看不見陷阱，最後他很滿意地看我用眼睛耳朵見證了牠們的愚蠢之後，他又會加一句我當時五、六歲聽不懂的話：「年輕人就像鳥。很多人只看到餌，看不見陷阱。」

達爾拉德不僅僅是個地方，也是一段歲月。那是段和早起作禱告的人共嚐在晨曦中採下無花果的日子，那些無花果受到露水的洗滌，還被精力充沛的鳥兒啄食——沒有人可以像鳥兒準確地判斷果實是不是熟了，牠們其實也沒那麼笨。那是一段上學前，等待阿布．薩夫榨油廠運來的橄欖油罐的油塗在麵包上的時光。那也是當我們和鄰居女兒玩耍的時候，碰到她胸部的一瞬間（天真？），那個觸碰也意味你再也回不去最初的天真無瑕，一切戛然而止，就算只是嬉笑玩鬧，你如今已經知道女性胸部的觸感，領會之後的人也就失去了純真。

我們想望的地方只是一段段的歲月，但是這些地方卻衝突遍布。這整個故事還是跟地方有關，他們不讓你擁有這個地方，於是便從你生命中奪取了他們所奪取的一切。有次，記者問，對我而言想念的意義是什麼，我的答案跟這個很像，想念和心願的破滅有關，它和記憶與回憶的甜美一點關係也沒有。

因為離鄉背井的境遇，逼迫我們住在不同的地方，又逼迫我們必須如此頻繁地離開這些地方，我們的地方失去了意義，也不再具體。就像異鄉人偏好擁有淡薄的關係，而一旦關係深厚起來，他就開始感到焦躁那樣。漂泊者無依無附，那些心願已經破滅的人，活在內在世界的律動裡，對他而言，地方只是讓他繼續前往他方，面對不同場合的過渡工具，地方之於他，宛如酒或鞋子那般。生命不允許我們把一次又一次的連根拔起視為悲劇，因為這其中有些面向總讓我們想到鬧劇一場，然後它們漸漸地讓我們習慣這一切，當作不斷重複的笑話，只因為它們總是有悲劇的成分。生命教我們要滿足於那降落在我們身上獨一無二的命運，命運馴服了我們，讓我們學會習慣一切。在鞦韆上的人漸漸習慣了在兩個相反的方向擺盪著，生命的擺盪讓生命的過客在兩個極端間奔走，一邊是喜劇，一邊是悲劇。世界繼續擺盪著，一抹稀微的迷霧籠罩了兩頭的地平線。在開羅那個黑暗而歷史性的以德節[2]早晨，六位便衣警察出現了。當湯銘還濕漉漉的尿片從曬衣繩上落下，我起身去撿拾的時候，我看到了六位坐在國家安全局車內的辦案人員。我對羅德娃說：「他們來了。」

2 伊斯蘭日曆的主要節慶之一。以德節（'Id）可能是開齋節（'Id al-Fitr），或者兩個月後的古爾邦節（'Id al-Adha）。

他們帶我到塔里爾大樓的護照部門，傍晚帶我回家收拾行李，準備機票的錢。前往哈里發流亡單位等候最後判決的路上，我對開羅街景看了最後一眼。我在喜劇和悲劇之間擺盪著，隨著吉普車的每一個顛簸與未來歲月即將經歷的顫抖而移動。六位男子派了其中一位監督我打包行李，另外五位則坐在電視機前面（未經許可的）看著以色列總統在國會談話的現場直播。五歲娃兒、羅德娃和我的未來會怎樣呢？一直到我上了飛機入座之後，他們才解開我的手銬，我輕聲對著鄰座說：「再見了，非洲。」我沒有做任何反對埃及總統沙達特[1]訪問以色列的事，這只是以防萬一的驅逐出境，也是欲加之罪，就像多年後一位巴勒斯坦作家協會會員揭發的那樣。誠如你所見，生命實難一言以蔽之。

從巴格達到貝魯特，接著到布達佩斯、安曼又回到開羅。要在某個地方定下來根本就是不可能的，假使我的願望和某地方的所有者相牴觸，結果總是我的願望毀滅。我沒有住在某個地方，我住在一段時光裡，住在我內心的複雜世界，住在某種對我而言特別有意義的感覺裡。

我是山崗與穩定之子，打從二十世紀猶太人想起經典舊約內容的開始，我就飽受貝都因式[2]的顛沛之苦，儘管我不是貝都因人。我一直沒有辦法蒐集屬於自己的藏書。我必須在房子和附有家具的公寓間移動，習慣浮光掠影。我已經被訓練得對不屬於自己的咖啡壺無動於衷。我的咖啡杯不是屬於房東，就是前一個房客留下來的。就算打破一個杯子的意義也不太一樣。房屋仲介幫我挑選床單、窗簾和廚具的顏色。我沒做選擇，而是機遇做出選擇。有好幾次我必須放棄在不同陽台上輾轉栽種的天竺葵。我替自己種的室內植物（絲蘭、合果芋、龍舌蘭、鵝掌藤、變豆菜，還有蕨類）選陶製花盆，安頓、照顧，一葉一葉地用啤酒洗滌，以棉花沾啤酒（這比化學產品便宜多了），將葉子攤在左手心，輕輕用右手擦拭葉表，直到葉片閃出漂亮的光澤，照亮我的心緒，譜成交響曲的最後一小節。我會一葉葉、一株株地用同樣的方式去照料，即便不在家的時候也毫不間斷地為它們播放音樂。我每天的首要之務就是觸摸枝葉，檢查土壤的溼度，觀察它們朝著從窗戶或陽台穿透而入的陽光彎曲的程度，移動它們，讓背光的那一面朝向陽光。有時候我使用特別的桿子支撐枝枒，有時候用透明的繩索捆住，讓它們長成想要的樣子。我提供光線空氣和友誼，接著便離開。我總是不斷地離開。過一段時間我就必須不帶感情地放棄流離途中的所有。唯一動情的時

1　一九六七年六月以阿戰爭以色列勝利，獲得西奈半島主權。一九七九年，埃及總統沙達特與以色列總理比金簽署和平協議，將西奈半島南端的夏姆錫克歸還埃及。一九八一年沙達特遇刺身亡。

2　貝都因人是中東沙漠區一支使用阿拉伯語的游牧民族，居無定所。

刻，是必須把我的室內植物託給當地朋友的當口，原因是這個國家離開了我，或者是我離開了這個國家。

但是到達機場或邊界，或者飯店客途的房間時，我又會忘掉拋在身後的一切，揣想未來的樣子。我想知道的是將來「時間」的樣子，而不是「地方」的樣子。流亡過程中充滿了許多突如其來的旅程，旅館變成我們生命中的一部分。理論上我應該痛恨旅館的生活，因為它放大了過渡的過程，也許我真的也該痛恨這樣的生活，但實際上，我漸漸明白，事情其實也不盡然是我想的那樣。在旅館裡，我覺得相當舒適。它們讓我曉得自己無須在某處定下來，清楚明白我就是要離開。漸漸地，經過這麼多短程旅行，我開始喜歡飯店。飯店讓你毋須把片刻變成永恆，卻同時提供一個充滿了短劇和驚喜的場子，豐富了生活中某個單調的面向。在旅館裡面，你接觸到的是最獨一無二的神奇經歷，嚐到一種短暫永恆的感覺，每次出門散步回來就可以蒐集所有朋友的簡訊，可以在短時間內幫你在才剛抵達的新城市裡組成小小的朋友圈，就好像照顧你幾天或者一天幾小時的寄宿家庭一樣。在旅館裡面，不會有鄰居整天注意你在做什麼，完全沒有社交的義務，這是可以盡情徜徉在懶散中的地方，你可以隨心所欲、來去自如，讓你恣意取用一天的時光。旅館裡，你毋須對那些植物負責，不需要替每間房裡都一模一樣的花瓶換水，那些花瓶不會讓你在離開的時候感到傷感，你也不需要在別人安排被迫離開之前，擔心是不是要把書轉贈給朋友或鄰居，離開那些懸在牆上的畫作一點也不殘忍，它們都不屬於你，而且通常都很醜。

我站在平台上環顧這家客棧。這是屬於我的第一個地方。這塊地方人物的面孔和聲音又浮上心頭。或者這只是我從他們早已不在人世的死亡中借來的幻想呢？他們在我的眼前忽隱忽現，個性鮮明，有些是真實的個性，還有那些巴爾古提家族硬是用能言善道的嘴和故事強加在他們身上的個性。已故詩人歐瑪（'Abd al-Rahim 'Omar）說過，拉姆安拉有的是穆斯林教徒、基督教徒和巴爾古提家族！古老的傳說把客棧的故事說給孩子們聽，一代接著一代。這些故事都極近誇張和加油添醋，程度端看說故事者的幽默感而定，有些故事是父親告訴我的，有些是阿布・哈金告訴我的，不過絕大部分貼合事實的多半是阿布・齊發和慕他戴爾回憶裡的故事。阿布・齊發最愛拿兩個叔叔開刀，其中一個他稱之為撒彌，另外一位叫馬吉德。至於慕他戴爾因為天資聰穎，年紀輕輕就被允許和大人坐在一起，後來他只要從沙烏地阿拉伯放假回來，都待在客棧裡。

這位是阿布・烏達，他坐在地氈最遠的一角（距離中心位置的座位距離和財富相關）。某個夏天傍晚阿布・烏達突然說道：「你知道如何區別蠢人和智者嗎？」「怎麼區別呢，阿布・圖納博？」（傳說他之所以被取了圖納博這樣的暱稱，是因為他老早對他父親施壓讓他結婚，「圖納博」對他們而言是碩長陰莖的意思。）

「蠢人的鬍子特別多。」

沒有人作聲，但是坐在客棧正中央的村長伸出了右手慢吞吞地撫著自己的鬍子，所有的人都爆笑開來！

他即刻對著那些人說：「你們這些戴爾格薩那人，這村子真是偽善。阿布．烏達說的金玉良言你們偏偏不聽，倒是村長放了個屁你們也會說是香的！」

這位則是「俾斯麥」，慕他戴爾的父親，總是用很離奇的方法解決村子的大小事，綽號不僅僅反映了他的急智，也代表村民對他的觀感。村人取的綽號很快就取代了本名。在造訪兩個總是黏在一起的朋友時，我聽過最棒的類比是有人形容這兩個人就像是抽取式衛生紙，抽了一張，另外一張立刻跟著跑出來。這位則是阿布．祖海爾，他是戴爾格薩那最狡詐的人，先是讓自己的兒子娶了一位姑娘，接著又在七十高齡，自己娶了這位姑娘的姐妹，生了後來犧牲的烈士阿德里。

這位則是阿布．薩夫，令人敬畏，個子高大，是這個村落以及鄰近地區最大的地主。以色列人在他的土地上，原本名為馬拉碧斯村的地方蓋了屯墾區，改名為芭塔提克瓦村。他是戴爾格薩那榨油廠的廠主，娶了從大馬士革來、比他小六十歲的女孩，在他死前幾個月為他生了個兒子。

這位則是阿布・猶達，是個慷慨的老人，總是睡眼惺忪的。這位則是阿布・穆提，總是沉默不語，彷彿對短暫的浮生漠不關心似的，雖然他確實非常關心。我問他的妻子哈奇瑪在科威特某位親戚的消息，她以驕傲的口吻回道：「讚美上帝——他的地位至高無上。願上帝以他為榮。冰箱、洗衣機、冷氣、錄影機、收音機和車子——他只要動動螺絲起子，就能通通修好呢！」

這位則是姨公阿布・法克里，他告訴我們，他在土耳其軍隊以及紅帶旅（Red Belt Brigade）的時光，還有因為工作和法克里姨婆旅行的經過。他過去都會光顧拉姆安拉的肉店，一大早吃烤肉串和肝臟當早餐。他有極迷人的笑容，雖然有許多老舊的金牙，但是他的笑主要從眼神裡煥發而出。

這些都是記憶裡的影像，但是它們又不只是影像而已。當攝影機從這個角度拍過去的時候，呈現的是他們美好的一面，但是當攝影機移動到另外一個角度的時候，在消逝了卻縈繞心頭的舊日時光中，他們身上某些比較不可人的影像就會顯露出來。這群經常在客棧聚集的人當中，有一群人在某個冬日的早晨，帶來兩個四年級的小女孩，穿過廣場來到清真寺，問她們是不是可以背誦可蘭經的一章。這兩個小孩吞吞吐吐的話都打結了。

「他們在學校都教你們什麼？」

「聽寫、數學、畫畫和唱歌。」

他們把兩個女孩帶回我們家還有村長家，因為這兩個小女生一個是村長的女兒，另外一個則是薩奇娜・瑪慕德・阿里・巴爾古提，後來成了我的母親。阿布・穆提、慕他戴爾、阿布・祖海爾還有些其他人宣布了一項讓我母親終生難忘的決議。她在說這個故事的時候，每個細節都交代得鉅細靡遺，既生氣又無奈，好像每說一次，就重新經歷一次似的。

戴爾格薩那女子學校的初等教育只有四個年級，這不是因為學校增加班級數目有困難，也不是巴勒斯坦的女教師太少，而是因為女孩子讀了四個年級之後，這個村落的人就認定她們應該好好守在家裡等著嫁人，她們也不應該出門，連上學都不行。

那一年，拉姆安拉的教友派女子中學校長來到村裡，決定提供兩個獎學金名額給四年級兩位最傑出的學生繼續學業，在他的學校取得初中的學歷。他表示她們會留在女生宿舍膳宿，學校會提供完善的照顧，支付一切開銷。結果客棧的男人們惱了。

「這是一所教會學校，一定會糟蹋這些女孩的心智。」

「就算是村裡的老師都不教這些女孩把可蘭經背熟，你想想他們要是把她們帶到拉姆安拉會怎麼樣？」

兩個孩子想繼續接受教育的熱誠喧騰了整個客棧，「俾斯麥」於是提出了抽考可蘭經的點子。

「聽好了，烏姆．阿塔，你女兒不准去拉姆安拉，聽懂了嗎？把她帶回家好好守在家裡，你女兒已經進入青春期，不准再讓她到廣場上玩，懂了嗎？」

他們沒有插手阻止村長的女兒繼續就學，至於我母親的空缺則由另外一名小女孩遞補，那位女孩的父親不在意整個村子的反對聲浪，她的名字是佛吉雅。村長的女兒阿迪芭後來仍舊表現優異，從教友派女子中學獲得結業證書後成了老師，變成巴勒斯坦著名學校的校長。但是佛吉雅則對新環境適應不良，不一會兒就回到村落了。瑪慕德．阿里．巴爾古提的女兒薩奇娜，也就變成唯一被剝奪僅有受教機會的人，只因為她是個沒有父親的孩子。

她父親在她兩歲的時候就已經過世，她母親（也就是我外婆）肚裡還有個遺腹子，已故丈夫的家庭想把她驅逐出家門。誰想照顧沒有積蓄、拖著一個孩子，肚子裡又懷著孩子的寡婦呢？

「求求你們，讓我在這裡多留幾個月，等我把孩子生下來為止。也許上帝垂憐，我肚子裡面的孩子會是個男孩。」

「也好，但是你要知道，假使你又生了個女孩，你就自行帶著兩個女孩回娘家吧。」

那孩子是個男孩。取名阿塔拉，就是我的阿塔舅舅，也讓外婆能繼續留在達爾拉德的亡夫家。當時她還不滿二十歲，獨自照顧兩名沒有父親的孩子。

那些想要迎娶這個年輕寡婦的人踏破門檻來提親，阿布．烏達對她說：「用駱駝來換駱駝吧。[3]」

阿布．瑪慕德一而再再而三地提親而且不死心。至於其他人的提親，她則一概拒絕了。村裡人開始對她很不好，他們可以讓她過苦日子，卻沒辦法動搖她窮其心力照顧兩名沒有父親的孩子，阿塔舅舅還有薩奇娜，也就是我母親。

外婆烏姆．阿塔活了將近九十年，晚年失明，一九八七年溘逝。她是個好相處又個性爽朗的人，說起話來別具風格。有一天她又坐在房子裡面常坐的一角，嬸嬸烏姆．塔拉爾當時正在照顧她，因為我母親出門看醫生。突然間外婆對烏姆．塔拉爾嬸嬸說道：「幫我把陽台打開，羅提娃。[4]」

「為什麼呢，烏姆．阿塔？」

「我想跳樓和你一刀兩斷。」

我和家人住在科威特的時候，外婆阿塔也和我們一起住。我經常在她禱告的時候偷偷站在她背後看不到的地方，等她禱告完最後轉頭要說「願你平安」的時候，我就冷不防的偷親她的臉頰，她就會伸出手準備要打我，然後意有所指地暗示我和羅德娃的感情還有我要娶她的意願，說道：「親你的埃及女朋友去。」

外婆沒有再嫁，她死的時候我人在布達佩斯。

她的最後那一天
死亡坐在她的懷中。
她溫柔的寵愛著他
對他說了一個故事，
然後雙雙睡著了。

一如往常地，我人在遠方而不能前往做最後的道別。

這也是客棧那些男性的影像，呈現了我們和他們的生活，好壞兼有之。我們可以過這樣生活，並且不粉飾太平。是的，生活有時候是殘忍的，而且絕對不盡理想。我

3 原文 A camel in place of a camel 是一種帶有貶意的說法，表示用駱駝（有價值的東西）換取這個女人。

4 烏姆．塔拉爾嬤嬤本名。

們的影像同樣還包括了：我的外婆從達爾．阿博德．阿吉茲嫁到達爾拉德，被當做陌生人那樣對待，像是另外一群人、另外一個星球的難民那樣，儘管這兩棟房子只不過是幾排杏仁樹之隔罷了，全長不超過一百公尺。

我們的影像同樣還包括了：我的外婆，那個因為生了個男孩子而獲准留在夫家的女性，把所有同樣該花在女兒身上的氣力都浪擲在這個男孩的身上。無論如何，她都不是自己生命的主人，也因此毫無權力堅持讓她女兒繼續受教育，讓她遠赴拉姆安拉就學。

我母親年過五十之後報名了成人教育課程一解她求知的欲望，而她所指導我們最重要的一課在於：人生最重要的價值就是知識，知識遠勝於一切。法德娃．土坤（Fadwa Tuqan）有回到安曼造訪我們，然後把我們寫進她的書《山之旅，艱難的旅程》（*A Mountain Journey, a Difficult Journey*），我母親是第一個讀這本書的人，讀完的時候她對我說：「我真正的旅程艱難多了，我所經歷的她無從得見。」

讀大學的時候，我覺得自己完全是為了我母親在受教育，為了讓她開心而讀。荒廢學業將會是一大恥辱，也會讓她傷心欲絕。這種想法更因為感受到她把生命的意義全部集中貫注到我們四個孩子身上而更加強烈。至於其他人，她愛他們如同他們愛我們那樣。她的孩子是全世界，這個短處在她眼裡是件好事。她沒辦法忍受我們其中任何一個人離開她，但悲哀的是，我們後來都遠走高飛，長期在外。至於我們之中最優秀、我們最愛護的那個人則永永遠遠的離開不再回來，而她必須接受這樣的事實。在她心底，她想要安頓一個舒適的天地，這個天地照著她的意思運作，好像她想活在自己的星球上那樣。

她想去一個遠離地球的星球
在那裡　走道上擠滿了跑回自己房間的人
早晨的床鋪一片狼籍
枕頭甦醒後不成形狀，
填充在裡面的棉花在中間凹陷下去。
她希望曬衣繩上排滿衣物，還有很多很多需要用來當午餐的米
希望下午有個大大的水壺架在火上滾著
希望晚上有個大家可以一起圍坐的餐桌　桌巾垂著　上面沾滿笑語四濺的芝
麻粒。
她希望午間大蒜的香氣能夠召喚那些缺席的人
卻驚訝地發現母親的燉菜強不過政府的力量　而她晚間做好的麵糰原封不動

的在巾布上乾了。

地球是否能夠承受
一位母親獨自煮咖啡的殘酷
在這樣離散的早晨？
她想去一個遠離地球的星球
在那裡　所有的方向都指向胸膛的港口，
和兩手的臂彎
那裡只擁人入懷　不說再見。
她希望飛機只有回來的班機。
希望機場為回來的人而開啟，
班機降落後永不再離開。

對她而言，愛需要經營。體貼。她認為自己必須對所愛的人體貼，為他們上山下海，應該親手用自己的力量做任何她能辦到的事，舉凡打理房子到打理人生，從製作當季醬菜、縫紉、刺繡到加工回收資源製作神奇的作品。她曾經化身為設計師兼木匠，重新裝潢設計一組畫室的沙發和座椅。她還監工一棟有多間房間，設計給所有兒子媳婦孫子的新屋，她和工程師一起研究藍圖，那位工程師告訴我，她反對藍圖上廚房的方位，因為：「廚房落在這裡會很暗，我想請你讓它朝東而不是朝西。」

他接著說：「她說得沒錯，我們照改了。」

每次我看到隸屬於某個政黨，專門出來複述精心撰稿的革命台詞的婦女，我對我們母親那種用實際行動革命的信仰就更深一層，因為那是一種每天可以見證的革命，沒有花俏的手段，不套理論。

當我在讀藝術家傑克梅第（Alberto Giacometti）的自傳的時候，我深深被伊娃．波納華對她母親阿妮塔．傑克梅第的敘述所感動，阿妮塔是個擁有強烈且具魅力性格的女人：

> 她是一切的中心，也是敏銳而沉默的保衛者，她憑著自己的力量捍衛傳統，保衛整個家庭，成為家族力量根深蒂固的源頭，也是那位無所不曉的人，她能夠陳述事實，認清價值，也能告訴人應該希望什麼、應該決定什麼，同時也是能夠刻不容緩陳述意見（通常也是命令）的人，不管這些意見關乎日常職責，或是生活中的巨大危機。

我母親具有許多上述特徵，同時也有種平心靜氣的美，與年紀相映成輝，她有種相當沉潛卻自然流露的寧靜女性氣質，沉潛到甚至難以在她身上發覺。她希望保護大家的願望，也反映了她希望能夠把我們這些孩子留在身邊愈久愈好。她的固執有時候贏得我們的敬仰，但有時候固執到讓我們不禁納悶。我父親把整個家務事的大權都交付給了她，她負責做所有重大的決定。他只要同意就夠了。他比她長了十五歲，像他這樣沉靜的男人，實在很難和母親那種風火急的節奏還有充滿衝勁的行動並駕齊驅，他的善解人意總是對她投以讓人愉悅的肯定，並且相信她所做的決定都是對的，人人稱他為「仁慈的人」，因為他是如此的和善，而且幾乎是以一種不可思議的耐性對生命的現狀感到滿足。

至於我母親，她的野心沒有疆界，她沒有辦法達成的，便期望自己的兒子去實踐，如果兒子沒辦法辦到，她就期待孫子，完完全全信奉「有志者事竟成」這句話。如今她儘管已經超過七十五歲，卻仍舊有著不羈的靈魂，對抗所有禁錮個人的社會慣例。她總是在家和小花園裡勤奮工作：栽植、澆花或者搭建一些小圍牆，親手搬動需要用來建造圍籬或者區隔花床的石塊。她是個綠手指，所有她在園子裡面種的東西都欣欣向榮。聊到她的樹，她會說：「這棵樹還乳臭未乾呢。」意味著那棵樹還太小不能結果。

她又或者會說：「真是棵笨樹。」這是當一棵樹已經長成，卻完全沒有結果跡象的時候。有時候客人來訪，她讓他們帶回去一段九層塔、葡萄藤或者梔子花的截枝，假使客人帶回去卻讓植物枯萎了，便會帶回來讓她照顧「診治」，結果一定能起死回生。

外婆烏姆．阿塔有個妹妹，後來姨公阿布．法克里娶了她。我們從小到大都很愛他，因為他總是對姨婆百依百順，而且對我母親與舅舅們提供了父愛，卻又不像父親般百般管束。外婆後來帶著兩個孩子搬到烏姆．法克里姨婆家，阿布．法克里姨公便一肩挑起了照顧兩個家庭的責任，不論時機好壞。

這些人，這些戴爾格薩那的人帶著他們的故事在我面前甦醒。他們是個人性格與時代的產物。

過去我看著他們在達勃卡舞的圓圈裡，互相將手臂搭在別人的肩上，在村落廣場高高甩著他們的披巾[5]。這些人有的很冷酷，有的很溫柔，有些出手大方，有些則一毛不拔，不過他們都隨著笛子傳來的沙啞歌聲起舞，開開心心地慶祝村裡的迎娶或出

5 kufiyas，在阿拉伯國家，包括巴勒斯坦男性使用的傳統頭巾。

嫁，就像梳子的齒梳那樣整齊劃一、如出一轍。

我們必須經過漫長的等待，經過漫長通往智慧與哀傷的旅途，才能從生命中學到，即便是梳子的齒梳也不盡相同。

# 6

# 父執輩

I Saw Ramallah

一早，我和阿布・哈金一起去看阿布・法克里姨公的房子。

「有何貴幹？」一名年輕人從隔壁樓陽台喊了一聲，阿布・哈金回道：「這是我們親戚的家，我們只是想看一下。」

「我們可是持有合法的租賃契約喔。」那名男士說道。

三層有拱門的樓層、白色石頭和房子旁邊的小型檸檬園，還有美麗卻鏽跡斑斑的鐵門。顯然自從一九六七年之後，房子就荒廢了。

「進來吧。」年輕人說道。我們道謝後，離開了那地方，他懷疑我們的動機其實情有可原，這裡的每個人都害怕自己名下擁有東西。很多人都用親戚的名字註冊財產，這樣以色列占領者就不能把不在家的人財產充公，巴勒斯坦流亡外地工作者擁有的土地或屋宅，就透過這個方法將財產保留下來。橄欖園就是這樣保存下來，受到照顧、耕作、翻土、鋤犁和灌溉，如果不是離鄉背井的人和當地人相互信任，以色列早就把一切都充公了。

但是這裡必須強調的是，有些人好像把流亡者的歸來視為永遠不可能發生的事，有些身在異地的地方主人就此不再過問自己財產，某些當地看管的人也不再替自己負責的財產支付未清款項。不過還是有讓人嘖嘖稱奇，有關「看管人」如何忠誠堅定地替在異地的財產主人捍衛權益的故事，而這些權益並沒有白紙黑字明文寫出，也沒有透過律師執掌處理，不過也有當地人實際上把代管財產據為己有，拒絕交還原本主人的故事（如你所知，生命實難一言以蔽之）。少數幾個「看管人」擔心回鄉的原主人問起到底在以色列占領前哪些東西屬於他們，這些東西有可能是橄欖或屋舍，也有可能是以極低房租租賃出去、只是為了讓屋裡有人方便照應的平房。

在一群來造訪我的人之中，阿布．巴席爾告訴我，他在沙烏地阿拉伯工作的時候把自己的房子和土地寄在妹妹的名下，等到他打算領取團聚許可回戴爾格薩那的時候，發現妹妹已經把房子和土地轉登記在她兒子的名下，他頓時無家可歸，不管什麼理由、損失有多大，沒有人會因為以色列占領後的事上法庭，但是這些日子裡，不時可見親人反目成仇的例子。

自從奧斯陸和平協議生效後，有些人開始返回巴勒斯坦，我們開始不斷聽到類似阿布．巴席爾這樣的例子。朋友和我都覺得寫齣有關周遭的人面對新環境、命運丕變的劇碼（喜劇）是個好主意，我們玩起故事接龍：「某某人回到戴爾格薩那，要自己的表弟收下原先雙方議定的看管費，並把表弟代管的橄欖園物歸原主。」

「但是早已食髓知味的擁有這塊土地三十年，已經喜歡上擁有這片土地感覺的表弟，冷靜地對他說道：『你當時什麼東西也沒交給我啊，要殺要剮隨便你。』」

「原主登時心臟病發而亡。」

「他老婆一見老公暴斃，自己也瘋了。」

「他們的孩子看到老媽因為老爸的猝死而發瘋，於是殺了他們的表弟。」

「老伯看到這場莎士比亞式的戴爾格薩那喋血殘殺，也在自己頭上澆了一桶汽油自殺了。」

「汽油流竄到屋子的角落，流到別人家裡又流到客棧，流到旅客和附近田野上，戴爾格薩那大火熊熊。」

「就跟電影《巴黎妖姬》（*Paris is Burning*）演得一樣。」

「你們想像力還真豐富，」阿布．阿瓦德說。當時我們正在玩牌，安曼飄雪了。

他問我：「以前內戰的時候你還在貝魯特玩惠斯特撲克牌，這件事真的還假的？」

「是真的啊。」我說。

突然他大叫：「贏了！」

「你不覺得丟臉嗎？——贏了贏了！」

真的。那幾個轟炸又到處封鎖殺戮連連的夜晚，我除了玩牌別無事情可做。當我拿到戴爾哈里死命握的黑桃王牌的時候，我會對他說：「仁慈的烏姆．阿塔外婆，也許此時此刻她正望著天空祈禱：『神啊，請賜給穆里勝利，看在先知的份上保佑他不受爛人欺負吧。』」

而戴爾哈里便會接腔：「也許我媽正在說：『不知道戴爾哈里現在暖不暖？過得如何？這種冷天他夠不夠暖呀？老天保佑他，願老天與所有的孩子同在。法提瑪，麻煩把收音機轉大聲一點，這樣我才聽得到孩子們的消息……』。贏了！」

無止境的戰事隨之而來的就是無聊。有天晚上我和羅斯米．阿布．阿里比賽，用各種巴勒斯坦方言想出各種和動詞「slap」（以手掌打人）的同義字，當時我們正經歷大停電，不用說我們都各自躺在床上摸黑說話，想不出新的字以後我們還惦記這個遊戲，他說了晚安之後我們陷入一片寧靜，幾秒鐘之後我們其中一個又會想起新字，然後以一種勝利的姿態把棉被嘩地從臉上掀開，大吼：「Sannuh kaff!」諸如此類。於是遊戲又重新再來，那個晚上我們想出了jabaduh、qahaduh、raza'uh、lahuh、shaffuh、haffuh、sanaduh、laffuh、lattuh、rannuh、safaquh、nadafuh、zahuh、habaduh、raqa'uh、lakhkhuh、faq'uh、lahafuh、tajjuh、maza'uh、shamatuh、nawluh。

我住的宿舍裡面有一隻大老鼠，各種殲滅戰術對牠都無效，屋內沒有暖氣也沒有地毯，那些非常精於打點個人自身生活的人都住在豪華宿舍內，裡面裝設了電梯和緊急逃生設備，但是每個人精神緊繃的情況不相上下。我的小弟阿拉住在貝魯特美國大學的學生宿舍內，他當時就讀工學院最後一年，實在很難朝夕相見。如果他來見我的話，我會擔心他回貝魯特哈姆拉區（Hamra）的問題，如果我去見他，我又怕讓他擔心我回到貝魯特法奇哈尼區（Fakihani）的問題。阿塔舅舅的兒子法翰在我離開貝魯特之後腦部便受到流彈碎片擊中，幾天後便與世長辭，年僅二十二。之後我才知道他們怎麼把消息傳給舅舅的，當時他人在科威特，阿拉當時的意思是逐步讓舅舅知道消息：「舅舅，我特地打電話告訴你法翰的消息，他昨天被流彈打到，但是醫生說如果上帝眷顧的話，他會康復得很好。」

舅舅冷靜地回道：「你們打算把他葬在哪裡？」

他的兩個姐妹伊樂翰、那吉娃，弟弟馬穆德，還有我的弟弟阿拉讓他入棺，用飛機將他載回科威特，並葬在沙里布卡特墓園內。

美國麻州安赫斯特。我們受邀拜訪席德尼．開普倫教授（Sidney Kaplan，他堅持要我稱他席德）。他邀我們共進晚餐慶祝羅德娃在他的指導下獲得博士學位，當時我們已經準備動身前往他家。登時，我們公寓的電話響了，慕尼夫的聲音很倉促：「法翰今天在貝魯特犧牲了。」

慕尼夫從卡達打電話到美國我這邊來，報告法翰在貝魯特身亡的消息，並且交代要通知位於戴爾格薩那的烏姆．阿塔外婆，還有亡者自己在納布魯斯的外婆以及我在約旦的母親。羅德娃和我訂了在羅馬轉機回開羅的機票，羅德娃最終決定還是與開普倫、他的妻子還有麥可．泰勒威爾（Michael Thellwell）聚會，而不要孤零零的在美洲大陸上度過這樣的夜。每個人都對我們非常好，氣氛溫馨可人，笑語流轉。羅德娃是對的，和朋友在一起，哀傷的包袱也就輕了些。我閃入開普倫家的廁所，用盡全身的力氣壓抑自己嘔吐的聲音。

不過那個夜晚還有我們待在美國的這段期間也不全是一片哀淒，我們結識了一些非洲和非裔美籍作家，發現他們也有類似困擾我們阿拉伯族群的文化和政治問題，對美國發展來說，這種堅持對抗的態度是健康又有活力的。在泰勒威爾家的時候，我吃了一頓有史以來最好也最詭異的早餐，他有天早上邀請我和羅德娃去造訪，他親自準備的早餐（他是位優秀的廚師）包含了炒芒果條、烤魚絲、起司和咖啡。進餐時我們會見了黑人民權領袖卡麥可（Stokely Carmichael），羅德娃並為我引介了非洲作家阿契貝（Chinua Achebe）和他的妻子。詩人茱莉亞斯．萊斯特（Julius Lester）和羅德娃之前一起翻譯了我的一首名為〈村民薩伊德和美麗春光〉（Sa'id the Villager and the

Beauty of the Spring）的長詩，羅德娃把翻譯給開普倫過目，在晚餐的時候他形容它充滿「惠特曼風」，他的妻子說這是他至高的讚美，因為席德本身相當崇敬詩人惠特曼。我聽了當然感到滿心驕傲，但是以目前我的眼光來看，那首詩實在不值得這麼崇高的讚美。

睡在阿布．哈金家的晚上，我躺在床上試圖計算我曾經住過多少房子，算起來超過三十個。

法德娃在陽台上告訴我烏姆．卡莉兒太太下班後會來看我，薩吉也會跟她一起來。阿布．哈金接口說貝齊．巴古提今早打了通電話過來，邀請大家去他家晚餐。法德娃的女兒莎珊從安曼打電話來，她姐姐蕾拉則從美國打電話來。魚雁往返的時代已經結束，電話線變成了巴勒斯坦人民之間珍貴的線路。西岸區和加薩地區的電話已經發展成新當權者口袋裡的行動電話，進一步造成一般民眾對他們的敵意，儘管他們也明白西岸區和加薩沒有一般地面線路，所以無線電話的確有其必要。但是還有其他事情也助長了一般民眾的情緒：包括了部長、次長和署長購買、甚至於高價承租的房子，還有他們駕駛的豪華車子。根據奧斯陸和平協議來看，那些象徵個人權力的標誌並不吻合國家權力的空缺，也不吻合一般巴勒斯坦人的權力狀況。

心滿意足的人注意的是商品實用的面向，一部車對某些人而言代表了個人地位，對其他人而言不過是跨越距離，從一個地方移動到另外一個地方的一雙鞋。對阿拉伯新貴來說，最新最能展現權位的東西就是行動電話。在貝魯特，最風光的表現就是在那些參與內戰的年輕人、文字記者、作家、公職人員和黨員屁股上端皮帶掛著的一把槍。

至於車子，似乎一直都是地位的表徵，尤其是這些年來車子漸漸變成了一種可以選擇的奢侈品。一位擁有安全氣囊車款的人和那些沒有安全氣囊車款的人可以平起平坐嗎？擁有司機的人可以和必須自己開車上班的可憐蟲平起平坐嗎？

這些不算重點（重點是什麼？）的聯想出現在某個沉靜片刻的靈光一閃，大概就發生在我在陽台上對阿布·哈金與法德娃引述摩洛哥諺語之前，我說：「天地良心，上帝就應該保護我們不受剝奪。」

那天下午烏姆·卡莉兒和薩吉來訪，薩吉和我一起在開羅讀書，但是我記得雖然我們讀同一所大學，同個學院，都讀英國文學系，但我很少與他碰面。他把大部分的時間都貢獻給政治活動，天生就是政治的料，對學生會以及當時許多開羅學生熱衷的地下政黨興致高昂，我和他們是不同掛的。

在開羅的日子裡，政治活動對我而言毫無重要性。我根本不曉得政治活動的目的是什麼，我完全浸淫在按課表讀書的快樂裡，我在那裡認識了契訶夫、艾略特、莎士比亞、布萊希特和希臘文明、歐洲文藝復興和新批評主義，我第一次放棄傳統詩詞轉而嘗試寫新詩。

慕尼夫當時在卡達工作，每個月都匯等同於十八鎊埃及幣的錢給我，我把九鎊拿來付房租，剩下來的九鎊當做生活費，而且每週六夜晚都去歌劇院聽開羅交響樂團表演（一張票是十九批亞斯德埃及幣），並不時造訪其他國家劇院等。大學錄取之後我收到慕尼夫的第一封信，他明言我只能在埃及法定銀行進行幣值兌換，他寫道：「如果哪天我發現你在黑市兌換幣值，你就馬上回拉姆安拉。你的青春歲月才剛啟航，如果你一開始就墮落，將來也直不起身了。」

他寫信這樣告訴我的時候才二十二歲。

大學時代我經常和我的同儕說起我的「大哥」，講他經常寫信捎來的最新消息，有一次我把他的照片拿給羅德娃看，她驚訝地說：「這是個男孩子嘛！你一直說『我大哥，我大哥』，我以為他是個上了年紀的男人，他看起來比你還年輕呢！」

過了幾年我們結婚之後，她見到他，更確認了她從他身上感受的那種貼心可人的年輕朝氣。慕尼夫比我大三歲，一九四一年他在約旦古城耶利哥出生，我則是在一九四四年於戴爾格薩那誕生。「我大哥」只是用來表現他扮演的角色、他的成熟和職責的說法，所有這些特色都超過他的實際年齡。

身為一九四八年戰亂下的巴勒斯坦子民，我必須承認，那個時期我對政治興趣缺缺。在開羅的嘉瓦德胡斯尼街上巴勒斯坦學生會組織總部的邀請下，我參加過一兩次的政治活動，但是我不覺得自己和這些活動有切身關係，我於之無益，它也無益於我。

多年後，隨著許多事件的發展，戰敗還有反抗運動中出現的事端讓我發現，就是我在開羅讀書的一九六三至一九六七年間，正是巴勒斯坦武裝組織（法塔組織，全名是阿拉伯國家主義者運動）與其他組織祕密成立的時期，這些組織的成立都是在學生會的架構下發生的。過去那些積極邀我參加政治活動的學生其實正籌畫著重大的計畫，他們一定覺得我如果不是過度天真就是過度膽小。如果我真的了解他們當時著手的事，我會迎合他們的期望加入他們嗎？我不知道。

我母親幾件可受批評的其中一件事在於：她讓我們學會過度警覺，避免任何形式的危險。直到今天，我們幾個孩子沒人會騎腳踏車，因為她怕我們會摔下來跌斷胳臂或腿。之後，我眼望著同儕和親戚個個變成自由的戰士，彷彿他們生來就是要變成英雄，而我卻沒有。他們一定是比較好的那種人。

薩吉繼續從事政治活動，變成了民陣[1]政治組織的一員。他的母親烏姆．卡莉兒後來變成世界知名的人物，因為她自行出馬競選巴勒斯坦當局總統，成為阿拉法特總統的唯一競爭對手。

我答應早上的時候去造訪她麾下的家庭協助協會，也答應薩吉和瓦禮德當天晚上出門在拉姆安拉走走。

晚上我們去貝齊．巴古提家吃晚餐。

「奧斯陸和平協議可以引領我們走向獨立，也可以帶我們走向地獄。我們一定要在各方面加倍努力，如果我們想避免後者的發生。」貝齊說道。

他相當了解目前的新時局，他住在家鄉，編輯《塔里亞》雜誌（al-Tali'a），同時也是巴勒斯坦人民黨的書記。幾天前他才受命成為新巴勒斯坦當局的產業部長。貝齊有張沉靜而若有所思的臉，多半不太說話，但是像這樣的一個夜晚，我們必然要說許多戴爾格薩那的大小事和笑話。當晚還有他的妻子和兒子納比爾、他的姊姊諾哈、諾哈的兒子、安尼斯、胡山和阿布．哈金。自從一九六七年開始我沒再見過諾哈，但是我從許多曾經在不同時空與她共事過的當地歐洲女性那邊，聽說了很多有關於她自願參加的活動。

隔天瑪里哈．娜布西亞和她的八個兒子之中的兩位一起來訪，她以前是我們在烏姆．色瑪以勒大廈的鄰居，我對她說：「你終於不用受以色列人把你孩子抓進拘留所的苦了，瑪里哈太太。」

「感謝上蒼啊，我的孩子。我真是受夠了。他們釋放了一個又監禁了兩個，可憐的我必須去問他們到底被關在哪個拘留所，還有是不是開放探訪。風濕病——願邪惡永離你遠遠的！——把我折騰死了，但是我們就私下說吧，巴勒斯坦人民起義的期間，世界變得更好了。你說呢？」

我承認世界變得更好了。

「你覺得他們真的會收手嗎？那個納坦雅胡[2]，他說的話沒有一句可信，他很邪惡，你根本不了解他這個人。」

---

1 Democratic Front，全名是巴勒斯坦人民解放陣線（Democratic Front for the Liberation of Palestine）。

2 一九九六年納坦雅胡擔任以色列總理。

我問她斐瑞斯[3]是不是比他還要好，她搖了搖手：「這兩個人一個比一個糟。」接著又說：「他們都是壞蛋。」

瑪里哈有八個孩子，孩子的爸在巴勒斯坦人民起義的第二年就犧牲了。「我們感謝老天讓他在一開始的時候就犧牲成仁。我們當時都滿腔熱血，壯志比天高，比風更遠颺。我接受了他的死亡，告訴自己：『發生在他身上的事同樣也發生在別人身上。』如果他是到最後才死，我一定會崩潰。他們最後毀了起義這件事，孩子。我對天發誓他們刻意搞砸起義，讓它蒙塵，如此一來人們才會高興它告一段落。你覺得呢？」

我提到巴勒斯坦解放組織對那些遭受家人犧牲的家庭提供補助金，她很快說道：「那組織非常不穩定，有一個月沒一個月的給錢，他們說捐獻的國家沒有提供資金。願老天與大家同在。他們以前有錢的時候每個月給我們五十塊，但是我們還過得去，感謝上蒼。」

招待你的主人家裡塞滿了你自己的客人真是很尷尬的事。阿布．哈金說：「感覺心裡像蜜一樣甜。」法德娃附和他的說法。不過有時來探訪我的客人經常留到將近午夜，招待我的主人還得陪著熬夜比平常的時間晚睡，總讓我覺得很不好意思，我得找個機會提出改住旅館，又不至於傷到阿布．哈金感覺的建議。後來機會來了，當我叫了計程車前往拉姆安拉飯店去會見前一天從安曼來的馬穆德・達爾威許[4]，我說：「阿布・哈金，如果你能幫我在同一家飯店找到一間房間，這樣對我還有我那很難按照大家方便的方式安排的怪行程來說都比較好。」阿布・哈金和法德娃的反應是，我這種想另找飯店住的想法才對不起他們。

我搭計程車和馬穆德見了面，談了很多事，其中包括了是不是該為拉姆安拉重新發行《卡爾幕》雜誌（al-Karmel）。接著我又去和家庭協助協會的烏姆・卡莉兒會面。

我在協會裡面的各區走動：縫紉、繡花、手工、水果加工、裝箱和包裝。在這裡，那些犧牲者、被拘留和囚犯的子女學習工作以養活家人。他們手上的兩個銀色針線鉤忙碌穿梭，彷彿愛情鳥快樂地互吻。銀色針線鉤牽扯著美麗的色線，那些色線忙著逃脫針線鉤，和色彩鮮明的羊毛被單或披肩交融，勾勒出軀體的溫暖。另一桌的女孩們則穿針引線，用各種顏色，一針一線連續數週密密縫，讓某種花樣日漸顯現在布料上，最後變成巴勒斯坦式、繡滿千萬種讓人屏息精采花樣的衣裳。橄欖木、銀製、蠟製、玻璃的雕刻品還有鑲框的鏡面、男女老少的服裝、一座巨大廚房提供數以百計

3 一九八四至一九八六年，以及一九九五至一九九六年間斐瑞斯擔任以色列總理。

4 Mahmoud Darwish，巴勒斯坦詩人。

各式伙食給那些雙親出外工作的家庭、一架鋼琴、一把魯特琴、一管笛子、達勃卡舞、歌曲、舞團還有許許多多其他的活動。協會已經連續三十多年對需要的人提供協助，基金來自富有的巴勒斯坦商人與某些阿拉伯國家。一九六七年，拉姆安拉陷入以色列占領之前兩年，烏姆．卡莉兒成立這個協會，我的參訪行程從巴勒斯坦民俗美術館開始，協會過幾天就會為美術館舉行開幕儀式，開幕儀式結尾的時候有個驚喜，他們的兒童合唱團搭配塔拉吉太太的音樂伴奏特地為我獻唱。這個本存當地文化的努力已經獲得全巴勒斯坦（不僅僅是拉姆安拉和比瑞）的關注，也已經成功替需要的人製造工作機會，並且培養數千萬小孩的天分，這也證明了當地推動所能造成的影響力，因為只有當地人最能意識到自己的現實狀況、自己的環境，以及不斷改變的需求。

晚上我赴約與瓦禮德和薩吉去拉姆安拉走走，我已經和阿布．亞庫柏還有瓦辛同遊過一次，另外和安尼斯與胡山多次，我自己隻身前往兩次。每個看到我們在拉姆安拉街道漫步或者在某個咖啡店桌前聊天的人，大概都會以為我們只是一群快樂聚在一起的朋友，因為我們笑得如此開懷。事情比他們看到的複雜多了。

這是九〇年代的拉姆安拉，不是六〇年代的拉姆安拉。如果沒有我朋友的解釋，我對新細節一無所知。對於睽違多年的人來說，這城市的樣貌自然不會一如以往。我朋友對四處冒出來的水泥叢林感到不安，對拉姆安拉的居民來說，拉姆安拉的房子有杏色屋瓦、環抱花園、公園裡有噴泉、兩側植滿高樹的勃卡斯汀街（或者稱之為戀人街，以前我們都這麼稱呼它）、可以瞭望一路連綿到巴勒斯坦海岸的綠色丘陵，還有在晴朗夜空裡閃閃的燈火。我沒有像他們一樣感到不安，這就是建設的代價，城市發展的代價。實際上，我們對以色列占領的怨懟主要來自於他們遏止了我們城市、社會和生命的成長，阻礙了自然的發展。

這次還有先前幾次的出遊，讓我看到了絕大部分屬於自己回憶的地方。拉姆安拉初中、操場、那個我在裡面讀《齊塔·阿格拉尼文學史》[5]的圖書館，圖書館有拱門的迴廊。舊拉姆安拉區。巴特·哈娃區。教堂。納布魯斯路。納瑟清真寺。馬納拉廣場。我向他們問起納安公園，他們說這公園已經不在了，取而代之的是一棟高樓與很多商店。

我認不出我在開羅就讀大學三年級的室友佛得·湯諾士、阿德爾·那吉爾，還有巴辛·庫理他們的房子，但是我卻認得出拉米·納沙西比，我們第四位室友的房子，因為他就住在長老歐瑪·薩里·巴爾古提的那棟樓，也就在姨公阿布·法克里家的正

---

5 Kitab al-Aghani，由阿斯哈尼（al-Asfahani）編寫的文學史集。

對面。

拉姆安拉最美好的一個特點就是社區充滿善意而且單純，它主要是基督、伊斯蘭兩種宗教自然混合的文化，所有的街道、商店和城市機構建築都會在耶誕節、新年、齋戒月[6]、開齋節[7]、棕枝主日[8]、古爾邦節[9]的時候特地裝飾慶祝。拉姆安拉沒有教條和黨派之分這回事。拉姆安拉公園和魯卡伯氏冰淇淋店——只要聽到這個冰淇淋店名號或看到廣告上的店名，你就可以嚐到那滋味。巴勒斯坦警察把交通管制得很好，疏導了馬納拉廣場的交通阻塞。有人說以色列占領、廢除自治之後，這個城市就變得像垃圾場一樣，但是現在又恢復了我們從前認知的模樣。現在的拉姆安拉自從一九六七年以色列盜用這裡的水源之後就沒有那麼綠意盎然了，不過即便如此，綠意還是恣生著。

提到政治或嘗試著揣測未來發展的話題總是沒完沒了，這情況會持續好一段時間。自從錫安復國主義伸出尖銳的指爪開始敲打我們的門窗，繼而登堂入室，把我們趕出門棄置於荒野後，政治已經侵入了我們每個人靈魂的深處。

但是這樣的狀況也不能完全解釋巴勒斯坦國內或者流離失所於國外的詩人明顯的政治意圖。對阿拉伯族群和巴勒斯坦的寫作來說，喜劇也是必須的。我們的悲劇不能只生產出悲劇作品。我們同時活在一種歷史和地理的荒謬劇裡面。巴勒斯坦的當地畫家就跳出了這個窠臼，在沒有忽略一般狀況的需求和特色，創作出許多精采的作品。不管我去哪裡，我總是會聽到有關巴勒斯坦境外圖書難以獲得，與世界文化脫節和阿拉伯作家未進行交流的機會之類的抱怨。

巴勒斯坦人也有自己的快樂，其快樂伴隨著自己的哀愁。生活裡兩個特異的極端，在變成八點整新聞報導的俘虜之前，巴勒斯坦人還是有血有肉的。你可以在巴勒斯坦人民起義的故事裡面找到兩種極端：童年時期，我們戴爾格薩那有個小伙子，大家都知道他半邊臉灼傷。過去他總是和村裡的理髮師猶舒．耶賓爭執，要他算刮鬍子的錢半價，因為他只刮半張臉。他去埃米爾管轄地探望親戚的時候，總是講他怎麼在起義的過程中灼傷自己的臉，諷刺新聞媒體都扭曲事實，抹滅巴勒斯坦人民起義過程的實質狀況。

現在我記起某部由阿布德村安尼斯．巴爾古提拍攝，有關他們村裡一位婦人珐爾

6 伊斯蘭教教曆九月，一般都在十一月左右。
7 齋戒月結束之後，伊斯蘭教教曆十月初的慶祝節日。
8 Palm Sunday，基督教節日，聖週的第一天，也就是復活節前的星期日，紀念當年耶穌基督在眾人歡呼簇擁之下進入耶路撒冷。
9 又稱「犧牲節」，由這天起開始麥加朝聖。

哈的紀錄片：在巴勒斯坦人民起義的這幾年，只要村裡的女人看到年輕人被以色列士兵拘捕，她們都會群起攻擊那些士兵，哭喊著：「我兒、我兒——放開我兒子！」那一次把年輕人拖走的士兵對琺爾哈大吼：「走開，你這騙子。一個男孩子會有多少個母親！一個男孩子有一百個媽媽嗎？別待在這裡，滾！」

她尖聲喊著：「沒錯，我們就是這樣，這裡的每個孩子都有一百個母親，哪裡像你的孩子，每個兒子都有一百個爹！」

巴勒斯坦女性在巴勒斯坦人民起義期間的表現絕對值得尊敬，但是她的故事沒有完整記錄下來。有人講過那個在家裡藏匿巴勒斯坦逃亡者的婦人的故事：她這一藏就是七年。還有人說過那些在山裡面、自耕農家裡或在社會通力合作私匿的一群人的故事，那些幫忙的人每天對藏匿的人奉獻一些心力，以支撐我們知識份子所謂的「英雄主義」。也有人講過，那些自願醫生對巴勒斯坦人民起義過程中的受傷份子進行祕密手術，以避免進醫院遭到拘捕的故事。

除了這一切，也有人提到，和以色列合作以換取一點蠅頭小利的故事，以色列過去對他們還有他們家人所提出的安穩未來的保證，現在已經面臨困難。有人提到巴勒斯坦安全部隊深夜草率進行沒有留下紀錄的偵訊，另外還有商業機構與浮誇的利潤，以及隨著重新建設和整頓而來的經濟敗壞的故事。他們的希望帶來的壓力（希望製造壓力的方式和痛苦如出一轍）往往讓他們在講演的時候替那些不正常的現象提出解釋，解釋它們都是剛起步時期理所當然、意料之中的現象。希望讓他們覺得負面的現象等到艱困的時期結束後就會消失殆盡。那些對阿拉法特發聲的多數人是真正的多數人，但是他們也是那些相信歷史曾經給予承諾，痴痴等待承諾被實現的人。確切來說，巴勒斯坦整個社會都還在等待，還不能瞑目。讓我感到驚訝的是，巴勒斯坦的新聞媒體完全沒有反映事實，只忙著用花言巧語蒙蔽真相。

我們所到之處，瓦禮德一直不斷對年輕男女的打招呼回禮。瓦禮德會唱歌、吹笛子而且在劇院工作，從來沒有離開過拉姆安拉。這位是在劇院工作的女生、這位是負責訓練舞團的年輕人、這位是我們的老鄰居，諸如此類，他這麼介紹著。我們聊到這一切的價值所在：作家的價值，或者活在自己世界的藝術家的價值。在我們這個詭異的時期，阿拉伯文作家極其費心的找機會讓自己的作品能被翻譯（尤其是翻成西方語文）好提高自己的在地價值，好比說他會希望英文讀者閱讀他的作品，藉此讓阿拉伯文讀者認識他。真的是既滑稽又可悲。我懷疑其他國家現在是不是也同樣發生這樣的情形。

那三家戲院許多年前就關了，大型廣告看板已經拆掉，四周一片漆黑。書店已經不賣書了，只賣一些尋常的東西，像是甜食和學校文具（紙筆等）。車牌形狀和顏色各式各樣都有，有些帶有希伯來文符號，有些是阿拉伯文符號。對一個像我這樣剛抵達什麼都不懂的人來說，這一切實在很難懂。瓦禮德聊到劇院的工作經驗，阿布·亞庫柏講在救援組織的工作，薩吉說他打算放棄政治工作改而在保險公司找份差事。瓦禮德提到文化局修復了那棟覆有屋瓦的美麗建築，改建成了卡里爾薩卡其尼文化中心，以後會變成各個劇團、藝術家、研討會和圖書館的重鎮，《卡爾幕》雜誌會占據其中一層樓。他們帶我參觀這棟房子。

我第一次在這裡看巴勒斯坦的電視節目，最近這些年來，我們就會像那些在他國流亡的人會做的那樣，說著那些我們所沒有的東西：巴勒斯坦航空、巴勒斯坦警力、巴勒斯坦電視、巴勒斯坦政府。電視充斥著各式各樣的東西，就像所有的阿拉伯文電視和廣播那樣。在一場拉姆安拉的廣播訪談中，主持人問我：「我們豈不是不可思議、與眾不同的人，與眾不同的國家嗎？」我說：「和誰比較之下與眾不同呢？又如何的與眾不同？」所有的人都熱愛故里，所有的人都願意為自己的祖國而奮鬥，如果必要的話。監獄和拘留所裡面擠滿了第三世界的抗爭者，阿拉伯世界更是位居首要。我們都受過無盡的苦，也做過無盡的犧牲，但是和別人比起來，我們沒有更好也沒有更壞。我們的國家是美麗的，別的國家也是，只有人民和國家之間的關係讓它有所不同。如果這層關係是剝削、賄賂、腐敗的關係，當然會影響到祖國的形象。當他問我，我認為什麼樣的廣播系統才算成功，我說它必須和政府權力保持距離。

在我的房內，睡前瀏覽了一遍正準備出版的草稿，題名為《存在的邏輯》（*The Logic of Beings*）。對於看起來有點誇張的喜劇手法，我本來很猶豫，不過又想，有何不可，就順其自然吧，它自然是這個模樣。沒錯，它是悲劇，但沒錯，它也是喜劇，是的，同時是悲喜劇。每一段對話裡面，好笑的部分和哀傷的部分融合在同一個句子裡，我不相信忽視悲劇中喜劇成分的眼光。以真正發生在我們身上的方式呈現一齣悲劇，永遠比我們巧弄出來的作品讓人覺得親近。目前的狀況的確帶有悲劇色彩，但是悲劇永遠帶有喜劇的成分，因為它已經沒有尊嚴。我們的失敗無聲無息，不像那些希臘或莎士比亞悲劇中的英雄，失敗還伴隨著驚天動地的聲響。猙獰的傳媒機器捏造了失敗的意義，然後把它變成一場勝利或復興呈現在我們面前，這在古老悲劇中是不曾發現的。哈姆雷特說：「有些東西已經在丹麥國腐化了。」這便是最後的注解。你不會在隔天早晨睡醒的時候聽到廣播或看到電視節目告訴你，莎士比亞只是個有自己想法、無足輕重的人，和人民的苦難一點關係也沒有，而且丹麥一切狀況都極好，尤其是它英明的領導。你也不會在來自北方的晨報上讀到一篇文章，這文章兩手扠腰對著可憐的莎翁，也就是烏姆・莎士比亞太太的兒子劈頭大罵：「莎士比亞先生，能不能換句台詞？」沙達特不就說過，如果有人能夠比他所做的有歷史意義的行動做得更好，他就會為他鼓掌。如果伊底帕斯也同樣能言善道，可以這樣三言兩語跳脫自己的悲劇就好了，但是伊底帕斯沒辦法把浩劫變成嘉年華盛會。當莎士比亞想著手寫悲劇，他就寫悲劇；他想寫喜劇，他就寫一些完全和《哈姆雷特》、《李爾王》、《馬克白》或《奧塞羅》全然不同的東西。我們阿拉伯族群的人已經習慣在同個頁面、同個事件、同個條約、同場演講、勝利或失敗、婚喪喜慶、故國或境外，還有每個早晨我們那張相同的臉上讀出悲喜劇。

從貝魯特被驅逐，以色列入侵之後，巴勒斯坦官方在他們平常的言論中添加了更多勝利的手勢。在接下來的那場巴勒斯坦國家會議中，他們描繪光榮、抗爭和勝利的詞藻又更上一層樓。

在他們的文化委員會中，我以為我的發言對巴勒斯坦的文化和傳媒官僚應該是一大衝擊。「歷史已經教導我們兩課：首先，把災難和損失當成勝利呈現出來是有可能的，其次，這麼做並沒辦法持久。」

我又附注說明：「為自己顏面增光，對已經發生在我們身上的事沒有實質的幫助，也無法協助我們了解事情的發生。」

過去的日子裡，破壞沾沾自喜的現象是不被允許的，把事件發生的過程和結果重新拿出來檢視也是不被允許的。實際上，我也不確定現在這麼做是不是受到允許。

犯錯的人對批判總是無動於衷。他們對我的言論不震驚，但是卻不喜歡這番言論。會議結束的時候，所有與會者都準備好回到他們自己的地方，我遇到一個開羅的女性代表，想趁我回布達佩斯之前捎封信給羅德娃和湯銘，我以為她可以幫我傳個信，結果她說：「我沒有要直接回到開羅，我在想，靠近法國的時候何不去巴黎走走透個氣。真是受夠了。我想買一些銀飾，我真的很喜歡銀飾，可能會待在巴黎幾天，不一定。只是想去透透氣而已。」

巴勒斯坦知識份子大部分都和當局同一陣線，親近而非遠離，舒服的在自己的位置上休息，高高興興地模仿它，認同它。就這個角度而言，那些支持和反對當局的人是很像的。我們的舉止還是像個群體部落一樣。我們之所以可以這麼做，是因為自然運行的方式把每個人都放在愛國者的位置上，不管個人的選擇是什麼。就算是那些犯錯的人，也可以視之為受害者。一切的一切都受到死亡、傷害、在邊界的羞辱或者失去摯愛的威脅。知識份子對領導階層的親暱和他們對傳統政府的親暱並不相同，這種感覺一直都在。巴勒斯坦人民與巴勒斯坦政府當局同樣都活在一種特殊的情勢裡，不管是流亡在外還是被占領。有人甚至說巴勒斯坦知識份子自然隸屬於靠近領導階層的位置，只是這樣的選擇不總是好的。步向腐敗的個人問題也同樣存在著。

我自己的缺陷在於只要看到不喜歡的東西，很容易就打退堂鼓。我掉頭視而不見。過去的經驗證明了，如果我能夠多忍一些，再試一點，事情會變得更好。我將自己邊緣化，為的是讓自己與任何稍微有文化或政治專制的跡象保持距離。知識份子的專政和兩造政客（政府當局和反對派）的專制是一樣的，雙方的領導階層都有相同的特質，他們永遠在位，對批評毫無耐性，封鎖來自任何方面的質疑，而且總是認為自己永遠都是對的、永遠都創造力十足、知識豐富、討人喜歡、最合適那個位置，而且當之無愧。

在巴勒斯坦解放組織回歸前，他們的形象是一群自由戰士，值得同情和尊敬的英雄與犧牲者。現在同樣一批（受到敵人條件制約的）戰士，把自己的權力直接施加於平常老百姓、老人、學生、商家、交通、習俗、運動、藝術、信函、賦稅、法院、投資和所有的媒體。從清潔工到內閣首相的生活與工作都在他們的管轄範圍之內。他們決定了社會位置和影響力，修補毀壞了的東西，重建已經崩毀的一切，從人民之中挑選出自己的支持者和敵人。是啊，有時候他們甚至逮捕某些公民、囚禁並且……折磨他們。

對我們的子民來說，這樣的形象已經是完全不一樣的面貌。這個在巴勒斯坦人運作下的改變如果能夠真正掌控巴勒斯坦的命運，還可以理解，甚至是大家都想要的發展。沒有人永遠都在戰鬥，也沒有人永遠都在歌唱，但是在新時局下我們對漫畫的主控權，還有牽制巴勒斯坦政府當局決定的樂團都有非常不同的影響力。

歌聲消退，現實伴隨著殘酷的需求挪身向前。就像其他領域一樣，在文化領域裡，你會發現那些將作品表現得極好的人，他們懷抱信念，以一種既可敬又有力的方式把作品表現出來。那些人對奧斯陸和平協議的不公正提出反對聲浪，但是卻一心一意把自己的才能投注於整頓新巴勒斯坦社群這件事上，窮其心力在已經壞掉的東西上創造出比較沒那麼壞的東西。但是你也會發現有人像猩猩一樣，在權位和理想間盪來盪去，以求攀取最高枝頭。這還是隻很會挑法國香水又很會誓言效力的猩猩，愛的是自己的孩子、母親、父親，（可能）還有自己的老婆，除此之外誰也不愛。這是一隻忽而表現支持、忽而反抗，爾後又轉而支持（其實想要看起來是站在反對那一方）的猩猩。此後牠脫離了自己的組織，自組一個黨派或政黨，隸屬於根本不需要的黨派或政黨團體，接著又宣傳團結統一的重要性。牠也許會開心，也或許不滿，可能會在這裡羞辱一下自己，接著又在那裡像獅子一樣表現得不可一世，但是無論如何牠都非常有辦法把自己照顧得極好。人生，誠如你所見，實難一言以蔽之。

我以一種尋求同意的方式對阿布．哈金說：「今天是國際電話日呢！」

我想打電話給安曼的母親，還有在開羅的羅德娃和湯銘。他們幾乎是天天打電話給我，這次我想要主動打給他們，特別是我有新聞要告訴他們。

巴勒斯坦人已經變成了電話人，靠著語音帶著他們穿越無垠的距離。在電話還沒普及之前，他們仰賴的是廣播系統。「都很好啊，你呢？」後來那既美好又可怖的電話出現了。「某某某已經通過考試囉。」「我們把某某某送去了醫院，不過別擔心——不嚴重。」「某某某過世了，希望他無緣得享的年壽能轉而給你替你增壽。」

凌晨一點半，慕尼夫從卡達告知了我父親在安曼的死訊。當時我正在布達佩斯。七年之後，下午兩點十五分，我弟弟阿拉從卡達告知了慕尼夫在巴黎的死訊。當時我正在開羅。

我們所愛的人的生活細節，以及他們命運的起伏擺盪，全都從電話鈴響開始。帶來喜悅的鈴聲，帶來哀傷的鈴聲，帶來思念的鈴聲。巴勒斯坦人之間的爭執、斥責、責難與道歉都由電話鈴響帶來。我們從來沒有如此深愛某種聲音，我們也從來沒有如此恐懼某種聲音——我的意思是，同時擁有兩種錯綜的情緒。保鏢（或你的幸運符或智慧）也許可以幫你防杜恐怖主義，但是流離失所的人永遠不能防杜電話的恐怖主義。

不過還是有好事發生：阿布·薩吉親自把我的巴勒斯坦身分證帶來阿布·哈金家。

「再給我幾天辦湯銘的入境許可……」

過去奇怪的日子裡，我們必須這樣過日子的，我住在布達佩斯，羅德娃和湯銘住在開羅。羅德娃的大學許可她伴隨夫婿，所以她和湯銘一起住在匈牙利。我們把湯銘託在馬尼·妮妮的育幼院，後來轉到襪子工廠的育幼院。一九八一年九月初的時候，我們的朋友阿瓦蒂芙·阿伯德·拉曼到布達佩斯來造訪我們，她和我們在一起相處了兩天，之後我們帶她去布達佩斯機場飛往柏林，最後再飛往開羅。我們從收音機和新聞報紙中得知沙達特已經逮捕了一千五百三十六名男女，這些人都有不同政治理念，沒有尊崇他的「有歷史意義的行動」。我們讀了名單，自然那些將被扣留的人都是我們在開羅的朋友，阿瓦蒂芙也在名單之列。我們試著打電話要她別回到埃及，並邀她住在我們家直到時事明朗再說，因為我們知道她只要按計畫回到開羅機場一定會被逮捕。不過一切都太遲了。我們朋友法提·阿伯德·法塔在電話裡面告訴我們：「阿瓦蒂芙已經走了，她現在往開羅的機上。」兩天之後我們獲得了預料之中的新聞：阿瓦蒂芙在機場被捕入獄。不過這件事也不是沒有喜劇的那個面向：她購買的免稅商品，尤其是瑞士巧克力相當受到她牢友的歡迎，那些牢友包括：拉提法．加雅特[10]、阿米娜．拉席德[11]、沙菲娜．卡金[12]、法里妲．那卡錫[13]、夏印達[14]。

埃及的新聞迅速而源源不絕地傳來：沙達特開除了六十位報社記者，也把大學內相當數目的教授從教育職位上革職，包括羅德娃。我們在布達佩斯讀到他們把她調職到旅遊局的新聞。「以後你就可以拿錫克爾幣[15]的小費了。」我對她說。接著一個月之後，我們在收音機上聽到了沙達特遇刺的新聞。事件後續發展是，那些遭到扣留的人都被釋放，所有的大學教師和記者也回到自己的工作崗位。

當我們開始討論湯銘就學問題的時候，關鍵時刻終於來臨。我們做了艱困卻正確的決定。我對羅德娃說：「湯銘應該和家裡比較穩定的那方在一起。」羅德娃有穩定的家、工作和護照，而且我們在開羅有自己的房子，雖然是租來的，但畢竟還是我們的家。更重要的是，我們希望湯銘在阿拉伯語國家而不是在匈牙利接受教育。我當時的身分只是暫時的，我在每個國家的身分都只是暫時的，我的工作和護照也是。湯銘的屬地屬於羅德娃，而羅德娃的屬地在她的大學、她的國家，還有我們的家。從做了決定之後的那一刻，自從一九七七年我被驅逐出境開始，一直到湯銘長大成人到高中最後一年，我們全家在某個冬天團聚了三個禮拜，另一個夏天又團聚了三個月。

一九八四年夏天，自從我在埃及被驅逐出境之後的整整七年後，我獲得了可以回到開羅探訪兩星期的許可，並且獲邀在開羅的國際書展朗誦我的詩作。

後來又有更多次的書展邀請。我後來又接連在開羅大學教職員社團、藝廊、記者協會還有民族進步統一集團黨（Tagammu’Party）朗誦詩作。

有一次造訪開羅的時候，我被扣留在機場的動物拘留所一整個晚上——沒錯，我沒有打錯字，動物拘留所。後來有幾次他們會在放行我進入開羅之前，先允許我待在「豪華」入境大廳裡等五到十二個小時不等。這種特殊待遇的理由在幾年之後才逐漸讓人明白。文化當局歡迎我，但是國家安全當局排拒我，所以在他們好不容易同意我

10 Latifa al-Zayyat，知名埃及小說家、政治激進份子以及大學教授。生於一九二三年，卒於一九九六年。

11 Amina Rashid，左派開羅大學法國文學教授兼作家，埃及前總理希德基（Ismail Sidki）的孫女，積極參與政治活動。

12 Safinaz Qazim，埃及記者、電影評論家兼作家，政治激進份子。

13 Farida al-Naqash，埃及文學評論家兼編輯，積極參與政治活動。

14 Shahinda，埃及激進學生、國家政治運動份子，曾參選議員。

15 古幣，古希伯來人金或銀幣。

可以進去之前，要先花好幾個小時協商。我一直等啊等到一九九五年他們終於懶得擋我入關，我進開羅機場終於變得和進出德國、日本和義大利機場一樣自然。

我一直對自己提出問題，然後解答這些問題，但是對問題和答案的重要性沒什麼信心。當湯銘來這裡的時候，他會像我一樣當阿布．哈金的客人嗎？我應該會和他待在一起，這樣一來我們兩個都是客人了。這樣的話他一個人來的意義何在？理論上我們在拉姆安拉沒有自己的家是應該被譴責的。生命的起承轉合，還有那些境遇裡無數重要的細節，無論之後被遺忘或者重新憶起，造成了目前的局勢。通常，所有分散的家庭做的決定，都是依據不同成員的需求，對現實的不同詮釋，還有對未來的預測所決定。決定受到不斷改變的理想優先順序所控制，而優先順序可能不是按照明智的程度來排列。

這個男孩，出生在埃及河畔開羅沙里夫．古哈醫師的醫院裡，有位埃及母親和持有約旦護照的巴勒斯坦父親，他從來沒有看過巴勒斯坦，除了看到它完整的空缺，聽到完整的故事。當我從埃及遭驅逐出境的時候，他才五個月大，後來羅德娃帶他到布達佩斯一個附傢俱的公寓來看我的時候，他才十三個月大，他叫我「叔叔」。我笑著企圖糾正他：「我不是『叔叔』啊，湯銘，我是『爸爸』。」他叫我「叔叔爸爸」。

流離總是接踵而至。在你周圍堆積，圍成一個圓。你奔跑，它卻一直圈住你。當這個情況發生的時候，你同時成了你屬地「境內」以及「境外」的異鄉人。流離的人變成自己回憶裡的異鄉人，所以他緊緊攀附著回憶。把自己放在現實還有當下之外超脫的位置，如此超脫他都沒有意識到自己的脆弱。因此在別人面前，他既脆弱又驕傲。對一個人來說，無論是首次初嚐流離失所的滋味，還是永遠漂流異鄉，對一個人來講都太沉重了。好像在樓梯上跨的第一腳失了足，你就得一路滾到底；又好像駕駛人手中的方向盤突然脫手，車子就開始毫無章法和方向地亂竄。但矛盾的是，那些異鄉的城市卻又不盡然那麼的異鄉，生命使得那些異鄉人逐日適應了環境。一開始可能會有些困難，但是隨著歲月的流逝，也就沒有那麼困難了。生命不喜歡過日子的人發出哼哼唧唧的牢騷聲，它用不同程度的滿足以及對特殊狀況的接受度賄賂這些人。這狀況發生在那些流亡的人、異鄉人、囚犯身上，類似的狀況也發生在失敗者、挫敗者以及被拋棄的人身上。然後就像眼睛一點一點逐漸習慣了突如其來的黑暗，他們也就漸漸適應了因為時勢而造成的特殊狀況。一旦習慣了它的特別，也就能當作理所當然的現象。異鄉人沒有辦法替自己的短程或長程的未來作計畫，基於某些理由，就算是替某一天做計畫也變得相當困難，不過慢慢地，他開始習慣即興生活，他感覺自己以及家人的未來，好像是到處移動的臨時工人，每段他與所愛相處的時光都很短暫，但卻能持續久遠。他了解身為一個無憂的情人還有驚懼的情人的感覺。人在遠方的時候他感到親近，人在身邊的時候卻又覺得遙遠。他同時慾望著自己的兩個國家，還有自己的兩個身分位置。他擁有的每一個家同時也是別人的家。他的願望建築在別人的願望之上。假如他又是個詩人，對「這裡」而言他是個異鄉人，對世界上所有的「這裡」而言他都是個異鄉人。他竭盡所能地用個人的資產去求生存，儘管就某種程度上他也了解自己的個人資產可能會在市場上一文不值。

寫作是一種流離，從社會習俗流離出來。不同於習慣、模式與既定規格的流離。不同於普遍愛的道路和敵意的道路的流離。不同於信仰與政黨的流離。不同於無條件支持想法的流離。詩人竭力跳脫主流用語，轉而用一種完全沒用過、自成一格的語言。詩人竭力跳脫群體部落的桎梏，不受它批准和禁忌的牽制。如果成功跳脫開來並且獲得自由的話，他同時也變成了異鄉人。彷彿異鄉詩人的身分和自由的身分，兩者的程度是不分軒輊的。如果有人受到了詩、藝術或者一般文學的感動，他的靈魂就會充盈著這種流離，無藥可救，就算是家鄉也不能解決問題。他忠實的用自己的方式接納世界，用自己的方式轉化世界。無可避免的，對於握有既定遊戲規則的人來說，他之於他們是無足輕重的，那些人活在既定常規裡，那些人說他太「情緒化」、「善變」且「不可靠」諸如此類，那些用在他身上的形容詞就像他們架上整排的醬菜罐，他們這些人不懂得什麼叫做焦慮，他們以一種過分舒適的方式過日子。

我必須承認，電話是我和才幾個月大的孩子建立關係的方式，但是我不認為自己從埃及被驅逐出境這件事，可以合理化任何心酸的感覺。如果我只是因為我家人的分散而抱怨自己的邊緣身分，那是萬分不智的，因為沒有任何巴勒斯坦境內的巴勒斯坦家庭，或者流離失所於海外的家庭沒有遭遇到更殘酷的劫難。

塔爾迦塔（Tell al-Za'tar）的大屠殺一直留在記憶的前端，而西岸區以及加薩房子的摧毀每隔一段時間就會不斷重複上演。以色列拘留所裡面擠滿了老老少少。受了傷的人沒有藥可用，就算夠幸運被送至任何一家醫院也一樣。每次我和羅德娃單獨或一起對湯銘說話的時候，我們都把時局講得像問題即將迎刃而解，或雲淡風輕那樣。只有在這樣的狀況下，才能幫他迅速的擺脫自己是個不幸的孩子的感覺。羅德娃的智慧還有她在開羅對湯銘的悉心照料，以及我自己故意開玩笑，說些打趣的話讓他在電話另一頭笑開懷的努力，都幫他過了一個快樂無憂的童年。

流亡匈牙利的那段日子對湯銘來說簡直是天堂。我們的小公寓在一棟舒適大樓的最頂層三樓，附近是類似的大樓，四周有牆圍繞著。這地方大小不超過八十平方公尺，坐落於玫瑰丘，俯視多瑙河。我們的公寓有個小陽台，陽台上有鐵製花式欄杆，我在上頭掛了許多紅色天竺葵的花盆。我對這些花草極其寵愛，有一次湯銘對我說：「你在天竺葵上花的時間比陪我和媽媽的時間還長。」

這房子有個依傍山丘而建的大花園。花園正中央有鞦韆，還有兩個專門給附近孩子玩的沙坑。其中還有兩棵長得很近的白楊樹，其中一棵比另外一棵稍微矮了些。湯銘每次來的時候第一件事就是確定那兩棵樹還在原來的位置，他會火速地跑到自己的小房間看它們。花園的末端有棵蘋果樹，樹上總是有一群爬樹的孩子，孩子在樹下淡淡草綠色的草坪上，好像這樹不但長蘋果也長小孩子。湯銘可以自由騎自己的三輪腳踏車，只要在大門還有花園的範圍之內就沒有危險，但是我們還是會從廚房向外望確定他沒事。如果他學校期中放假的時候來布達佩斯，當時如果剛好下雪，每天每秒都過得像某種慶典一樣。我望著布達佩斯曾經賦予他的一切，老實說，這個地方確實留給了流亡之處美好的回憶，我們欠它一分情。

在這個美麗的家、快樂的自然景色裡，你每日探頭出去就是盎然的綠意，你的電話卻會在某個夜晚響起，電話那頭的聲音有點躊躇，告訴你某某某半個小時前身亡了。你發現沒有辦法參加葬禮，陪著那人一路到墳場，因為你沒有護照，沒有簽證，沒有居留權，或者你禁止入境。凌晨一點半，慕尼夫的聲音從電話那頭傳來——我的父親過世了。我後來知道他先吃過了晚餐之後才上床睡覺的，我母親在一聲慘叫中醒來，然後一切就畫下了句點。我完全不曉得如何自處。我完全忘記布達佩斯的早晨是怎麼運作的——早晨每天都會出現嗎？

簇擁我的夜無止境，
沒有人為我的靈魂
在身邊（真誠地）分享我的傷痛和謊言，
或者責難我的脆弱　好讓我也有機會責難他，
至於我與我所深愛的人之間的距離
比政府還醜陋。

湯銘絕佳的幽默感讓他在學校有相當開朗的形象。他在兩歲以前曾出我們意料之外的模仿總統沙達特的演講，重複他某些耳熟能詳的話：「我要把他做成肉醬！」或者「以上帝之名」[1]，其他有些我現在已經忘了。每天從吉薩的哈里亞學校回家的時候，他都會報告一連串從埃及同學那邊學來的笑話。

「等等！讓我拿個紙筆，這樣我回拿撒勒的時候才不會忘記。」幾年前有個晚上，奈拉和陶菲格・詹雅得[2]在開羅和我們相聚一晚的時候，奈拉這樣大喊著，隨後她把這些笑話做成筆記，很快就是一大疊。

湯銘知道所有戴爾格薩那的故事，客棧的故事，還有那些年邁的男男女女的故事。他可以用當地方言說這些故事，就好像他也是在達爾拉德出生的一般。那棵無花果樹被砍倒，他比家族裡任何人都還要生氣。他不能原諒我叔叔可憐的妻子對無花果做的事，他沒有親眼看過這棵樹，也沒有吃過它的果實，但是他沒有辦法想像沒有這棵樹的達爾拉德。

阿布・哈金，這孩子很了解你的陽台，還有陽台上的一切細節。他可以精準地告訴你伯伯慕尼夫的照片掛的位置。

這孩子在阿拉伯聯合共和國首都開羅的曼雅區（Manyal）誕生，在家裡和我們說埃及方言，過去二十年從來沒看過巴勒斯坦，卻極度渴望看它一眼，宛如在遠方難民營裡逐漸老去的難民。

他用米亞納（mijana）和阿塔巴（'ataaba）韻文寫詩。他會把自己的政治學教科

---

1 沙達特總是用這句話作為演講的開頭，並且總是拉長最後一個母音音節。

2 Tawfiq Zayyad，阿拉伯文詩人。

書丟在一旁，然後帶著愉悅的眼神到我的書房，拿出羅德娃從大馬士革買給他的魯特琴，在那吉・阿布・阿法席[3]的指導下開始歌唱，好像自己是戴爾格薩那的老歌手胡茲魯克（al-Huzruq）那樣。

一九八〇年我在迦太基參加一個詩詞晚會，馬賽爾・哈里發和我買給他畢生第一把魯特琴。那時候他才三歲大，那把魯特琴的大小就和洋娃娃一般大，馬賽爾在販賣突尼西亞傳統手工藝品的店試用了那把琴，說那琴儘管尺寸過小卻真材實料。羅德娃在開羅幫他請了位家教，這位馬穆得先生幫他做了個稍微大了點的魯特琴。後來他又接受了泰慕爾與阿迪博先生的指導，一直到現在。艾米爾・哈比比[4]過去經常和他開玩笑：「你怎麼沒有和你爸一樣變成恐怖份子？」

我又問了阿布・薩吉預計我們多久可以拿到湯銘的入境許可，他說他們花比較多時間發證給年輕人，他們對上了年紀的人比較寬鬆，尤其那些上了五十歲的人。「五十歲」這幾個字在我耳朵裡發出脆響，聲音就像咖啡杯在客人的手還沒碰到之前就碎落在大理石地上。我感到我已經活了很久，卻又活得不夠。我同時是個孩子也是個長者。

我們遲了七年才把湯銘帶到這個世界上。我們在一九七〇年結婚，一開始就決定先不要生孩子（直到事情明朗化）。我們不清楚所謂的「事情」指的是什麼，但是我們還是在等待它們漸趨明朗。所謂的事情指的是我們目前的處境、我們的經濟狀況、我們的政治、文學或者學術的狀況？羅德娃在我們婚後兩年完成了開羅大學的碩士學位，接著又拿政府的留學補助前往美國麻州安赫斯特市念非裔美籍文學，開展自己的大學事業。

慕哈瑪德．屋達（Muhammad 'Quda）有一次在埃及境外被一位我們共同的友人問起我和羅德娃有沒有生孩子這件事，他回覆道：「羅德娃和穆里決定晚點再生，等中東問題解決了再說。」

一九七五年她拿到博士回來，我們覺得我們家已經到了某種穩定的時期。她之後懷了孕，一九七六年流產，然後又懷孕，一九七七年六月十三日湯銘出生。生產的過程非常艱辛，我看到生產的痛苦，覺得孩子不從母姓是不公平的，我不懂男人怎麼奪取了讓孩子跟隨自己的姓的權利。這感覺不只是看到母親生產過程的痛楚而發出一時的感觸，我還是覺得每個孩子都是母親的孩子，這才是真正的公義。我們邁開步伐走

3 Nazih Abu 'Afash，詩人與畫家，已有多部詩集出版。

4 Emil Habibi，以色列阿拉伯文作家，也是共產黨領袖。

出醫院門口的時候，我對抱著兩天大湯銘的羅德娃說：「湯銘完全屬於你。他的出生證明上附上我的姓而不是你的姓，真讓我感到羞愧。」

接著埃及總統沙達特扮演了一個決定我們家庭人口的重要角色。他驅逐我出境的決定直接讓我變成只有一個孩子的父親，比如說，羅德娃和我就沒辦法幫湯銘之外再添個女兒，或者另外十個兒女。我住在一個大陸板塊上，羅德娃住在另外一個大陸板塊上，她一個人實在沒辦法再多帶一個孩子。

這就是那張許可證了，團聚許可證。這是一張有綠色膠皮的卡，上面寫著我的名字，還有羅德娃的名字，記載了「已婚」、「湯銘」字眼，還有一個巴勒斯坦戳記。

慕尼夫離開卡達搬到法國去住之後，我經常去看他。入境簽證很好拿，而且他很靠近布達佩斯我住的地方。某年夏天我參加了非政府組織在日內瓦舉辦針對巴勒斯坦的國際座談會，我把羅德娃與湯銘都帶去，我們待在慕尼夫位於日內瓦十分鐘車程外一個小鎮維吉方聖諾的家。不過要去日內瓦（有時候可能一天要來回許多趟）就一定要穿越法國和瑞士的邊界，多數的警察都會揮手示意讓駕駛開過去，有時候他會在對你微笑放行之前決定先快速看一眼你的護照。那年夏天，我們不是慕尼夫家裡唯一的客人。他同時還招待了他妻子的親戚，親戚的小孩，還有兩個小姨子。我們穿越邊境的時候開兩部車。警察走向前來索取護照，我們蒐集了大家的護照然後把護照遞給他，他目睹了奇景——他手裡的護照來自世界各地，約旦、敘利亞、美國、阿爾及利亞、英國甚至貝魯特，但是護照上面顯示持照者又都是來自同一個家族：巴爾古提家族。除此之外就是羅德娃的埃及護照以及艾米爾．哈比比的以色列護照，他從拿撒勒來，同樣也參加日內瓦的巴勒斯坦研討會，我邀請他一起到法國領土上的慕尼夫家吃卡塔雅芙[5]。

我從車上那些說法文的人得知，警察問我們為什麼有這麼五花八門的旅遊文件，但是當有人開始要試圖解釋的時候，他笑著打斷說：「好了好了！我不想了解了。」

他祝我們在日內瓦愉快。我們繼續上路，想著這位法國人對我們的驚訝。有人開口說道：「各位，你知道嗎，我們這組合還真讓人震驚啊！」

這張身分證或是奧斯陸和平協議之後開始發行的新巴勒斯坦護照，不能解決我們

5 qatayef，一種甜點，由捲起來的小型鬆餅製成，內包堅果或奶油。

在邊界上遇到的問題。世界各國都只在紙面上認可巴勒斯坦身分證和護照，但是一到了邊界、機場，他們就會對證件的持有人說：「你必須先獲得安全單位的許可。」而這份許可我們一直都無法取得。

除此之外，數百萬流離失所於海外難民營的難民，禁止攜帶巴勒斯坦當局的證件，禁止回到故鄉投票、選舉、發表意見或者有任何政治貢獻。目前黎巴嫩政府明令禁止巴勒斯坦難民營居民從事八十七種職業。換句話說，他們可能只許撿垃圾或者擦鞋維生。任何離開黎巴嫩國境的人都不准回來。你相信嗎？這法令適用於超過二十五萬的巴勒斯坦籍難民，其中還有數千名出生於黎巴嫩。還有其他自從一九三〇和一九四〇年代，也就是一九四八年之前就已經住在黎巴嫩的居民，他們的巴勒斯坦出身依舊不被原諒。有些巴勒斯坦人錯待了黎巴嫩。難民營的孩子每天都為此付出代價。如果那些錯待過巴勒斯坦的人也都付出代價就好了！他們說，有關難民、流民（也就是四百萬人口）、以色列屯墾區還有自行決定的權利等相關問題，都要等到談判的最後階段再說。既然如此，還有什麼是緊急的？我和多數人討論過這個問題，然後在我沒有提出問題的狀況下，不時從別人那裡獲得解答。唯一可確定的是，大家都在等待，只要以色列士兵往後撤退，就算只有幾百公尺也好，也能帶給他們陡然而生、相信未來會退得更遠的希望。

這些日子以來，所有人的眼睛都專注在地理勝過於歷史。思念、渴望和夢想讓他們暫時脫離當下，把自己交給未來。巴勒斯坦已經變成一種天天運作的工作室，裡面工作的人只專注於他們現下的工作。不過值得一提的是，就算他們對一般的理論分析沒有耐性，我們還是可以不斷感受到他們質疑以色列的動機、手段和突如其來的動作，還有這質疑帶來的陰影。他們的希望帶著恐懼和不信任的色彩。很少人會用像是「勝利」這樣的形容詞。大多數的人等著，苦苦地等著，同時適應（儘管是以很艱苦的方式）受到支配的現實。只有那些從新的政局中獲得立即與直接物質改善的人，會把新的政局視為一場勝利，值得跳舞慶祝的勝利，並且全力捍衛它。我從一些目睹巴勒斯坦人民起義期間街頭和大眾行為的知識份子那邊聽到了有趣的評論，巴勒斯坦人民起義的頭幾年，即便有這麼多的犧牲，罕見的國家精神竟一天天自然地凝聚了起來。

現在意義已經混淆了。我們以前的老鄰居阿布・慕哈瑪得對我說過：「以前在學校或住家屋頂，甚至在街道電線上升起巴勒斯坦國旗就會奪取幾條年輕人的命。過去，只要誰企圖升旗拉賓的軍隊就射殺誰，整個巴勒斯坦人民起義期間，我們都有人只因為升旗而殉難。現在國旗到處可見——上至公職人員，下至任何小營業員的辦公桌後面都有國旗。」

「你不喜歡浪漫情操已經消失的事實？」

「不，我不喜歡的是『藉由升旗宣示主權』消失的事實。就算是兩地交通往返這樣的事，以色列也不讓我們擁有主權，他們還是控制了一切。你也在橋上看到他們了。巴勒斯坦政府在橋端做了什麼？你難道沒看到也沒聽到嗎？」

我是看到也聽到了。

他繼續講在以色列政府大筆一揮之下，西岸區和加薩持續不斷的限制：「只要他們願意，他們甚至阻撓旅行的主權。你以為可以去耶路撒冷或加薩。他們已經把這些地方列為禁止進入管制區，這次他們的理由是選舉。他們甚至禁止人們在星期五於聖所祈禱。路障、搜索和電腦。他們無時無刻透過各種方式傳遞給我們一個訊息：『我們才是這裡的主人。』」

「我來這裡是不是錯了，阿布．慕哈瑪得？」

「正好相反。所有可以回來住的人都應該馬上回來。難道我們要把問題留給法拉夏猶太人（Falasha）、俄羅斯人或布魯克林猶太人？難道我們要把問題留給屯墾者？靠著許可證、團聚許可、工作等，只要有辦法的人都應該從國外回來。有能力的話就打造自己的村落，在巴勒斯坦建設巴勒斯坦人的屯墾區。你怎麼會問這是不是錯的呢？來來，我的朋友——來！」

他用自己嘴裡已經點著的菸點燃了另一根新的菸：「但是誰告訴你這些壞蛋已經

耶路撒冷。油市、古董、珍珠母還有芝麻蛋糕的販賣商。圖書館、醫生、工程師、還有替有昂貴嫁妝新娘打點的人。巴士車站每天早上都有慢吞吞滿載著從村落裡趕來做買賣的村民。那個有白起司、橄欖油、橄欖和百里香，有一籃籃無花果、項鍊、皮革和薩拉丁街的耶路撒冷。我們的修女鄰居，還有她的鄰居，那個老是急急忙忙的伊斯蘭教報時禱告的人。棕枝主日節每條街道上的棕欖枝，還有充滿家用盆栽、石頭巷和狹窄小徑的耶路撒冷。有晾衣繩的耶路撒冷。這是一個充滿我們感官、身體和童年的城市。那個我們走在其中不感覺到其「神聖」，因為我們身在其中，因為我們就等同於它的耶路撒冷。我們穿著涼鞋或者棕色或黑色的鞋閒步或匆匆走過，和店老闆為了以德節要穿的衣服而討價還價。我們為齋戒月而出門採買，然後在復活節的時候假裝走得很快，偷偷因為自己青春期的身體碰到歐洲女孩而竊喜。我們和他們一同分享聖墓教堂的黑暗，並且和他們一同舉起點燃的燭光。這是日常的耶路撒冷，我們很快就忘了這個擁有許多小回憶的城市，因為我們不需要去記得，它如同水是水、閃電是閃電那般自然平常。但自它從我們手中溜走，它就昇華成一種象徵，遠在天邊。

所有的衝突都偏好象徵。耶路撒冷現在變成了神學的耶路撒冷。這個世界關心的是耶路撒冷的「地位」，耶路撒冷的概念和神話，但是我們在耶路撒冷的生活，還有我們生活中的耶路撒冷卻對這個世界無關緊要。屬於上天的耶路撒冷會永遠存在，但是我們在耶路撒冷的生活卻有滅絕的危機。他們限制這個城市裡的巴勒斯坦人數，巴勒斯坦房子、窗戶、陽台、學校、育幼院的數量還有週五和週日祈禱的人數。他們告訴觀光客何處才能買到禮物，要走哪條街，要參觀哪些市場。現在我們沒辦法以旅客、學生或老年人的身分進入這裡。我們無法住在那裡，也不能離開那裡，我們也無法厭倦耶路撒冷，把它丟給納布勒斯、大馬士革、巴格達、開羅或美國。我們沒辦法棄置它，因為租借的價格太昂貴。我們沒辦法像別人抱怨自己無趣的城市那樣抱怨它。也許被占領的城市最慘的地方在於，那些城市的孩子沒有辦法取笑這些城市。誰有辦法取笑耶路撒冷！如今，送到我們在那個城市的信件永遠拿不到手上。他們奪走了我們房子的地址，還有我們抽屜裡的灰塵。他們奪走了這個城市的人群、門戶和小巷，他們甚至奪走了那個坐落於包柏胡塔巷內，曾經挑動我們青春期想像、妓女胖得像印度雕像似的祕密紅燈戶。他們奪走了聖奧古斯塔維多利亞醫院、舅舅過去住的地方吉伯爾突爾，還有我們曾經住過的薩各加拉區。他們奪走了書桌前學生們的呵欠，還有週二最後一堂課的無聊。他們奪走了我外婆前往探訪哈費加太太與她女兒羅席達太太的腳步。他們奪走了那兩位女性的祈禱，奪走了她們在舊城的小房間，還有她們經常跪在上面玩巴爾吉斯與巴斯拉牌的草氈。他們奪走了那間我從前專門從拉姆安拉前往買雙上好皮鞋的店，當時我回家手裡會拿著從扎拉提摩甜點店買來的蛋糕，還有的巴勒斯坦外交官。他說：「我現在在拉姆安拉這裡的社會事務部工作。」我們接著開始聊文學。他表達了對羅德娃撰寫的《格拉納達三部曲》（*Granada Trilogy*）的尊崇，我們很自然就聊到了詩。他是品味獨特，性喜讀書的人。

「上天幫幫我們的人民吧，天啊。沒有書，沒有圖書館，沒有報紙，沒有雜誌。一切都被禁止。你帶了你的詩集嗎？」我帶了三冊最新的詩集。突然間，我想起了珊督卡書店，這書店就在立夫塔威大樓隔壁，我以前每天都會進去，窩在書架中看書。我非常喜歡書的味道、顏色還有觸感。當我還是個小學童的時候，我經常從書架上拿書瀏覽。如果書吸引我，我會先讀個幾頁，然後把它放回原位，隔天繼續讀。我就是這樣讀完我的第一本當代阿拉伯詩選集，那書裡面有巴達爾・夏卡爾・塞亞伯（Badr Shakir al-Sayyab）的一些詩，那些詩和我當時嘗試書寫的古詩格式、韻律和氛圍都不一樣，讓我大為驚訝。在那裡我也讀了一些有關於性與婚姻的雜誌以及圖書，開始從這些出版物中領會到我自己從家裡或者周遭社會找不到的男性特質。我經常看馬哈福茲（Naguib Mahfouz）、穆哈瑪德・阿伯得・哈林・阿布得拉（Muhammad ‘Abd al-Halim ‘Abdullah）和尤瑟夫・席巴以（Yusuf al-Siba’i）的小說，還有以赫珊・阿伯

---

6 kunafa，一種麵條酥皮點心，裡面經常塞有白起司，上面淋糖漿。

得・庫德斯（Ihsan ‘Abd al-Quddus）的大部頭小說。海明威、沙特、西蒙・波娃、莫拉維亞、威爾遜（Colin Wilson）的書。還有《阿達伯》雜誌（al-Adab）。我會把頭埋進書堆，一如羊群埋頭進草堆，一直到某一天書店老闆走過來，拉我的手把我揣到他桌子面前，說道：「小兄弟，可憐可憐我吧，老天爺啊，你待在書店的時間比我還要長，我們該拿你怎麼辦呢？」

過了好一段日子之後，我回去書店買了雨果的《悲慘世界》，以表示我是實實在在的重要讀者，我不是純粹為了好玩才一天到晚光顧他的店，或者只是看那些裸體照片而已（雖然這也是我的祕密目標之一）。那天晚上還有之後幾天我都在讀《悲慘世界》，這是我第一次用零用錢買書，它讓我吃不到從阿布・以斯坎德餐廳飄出香味的沙威瑪三明治，本來我們每天晚上都會去報到的。去吃沙威瑪只為了逃避千篇一律的家庭晚餐，並且把它視作拉姆安拉明亮夜晚裡一次獨立的出遊行動。

從一九四八年起，多少才華洋溢的人犧牲了？多少城市凋萎了？多少家庭一直不能團圓？原本有多少書店和戲院可以在拉姆安拉開張？以色列的占領讓巴勒斯坦的村落原地踏步，並且讓城市退化成村鎮。我們不為村裡面的磨坊而掉淚，我們為書店和圖書館掉淚。我們不想重新獲得從前，我們想重新獲得我們的未來，並且把明天推向更遠的明天。巴勒斯坦朝著未來發展的自然路線被刻意地阻斷了，彷彿以色列希望整個巴勒斯坦變成以色列城的鄉下地方。不僅如此，以色列還計畫把所有的阿拉伯城市都變成希伯來國的郊區腹地。

有沒有可能我到拉姆安拉的蔬果市場，發現三十年不見，它還是一如三十年前那樣破舊，好像攤販從來沒有更動過他們的攤位、他們的穿著和標價？我有沒有可能發現這裡的土地就像當年那樣，如同沼澤的水面：黏稠、深色，覆滿了果皮、硬殼還有斑斕的黴菌？我是不是有可能望著主要街道上的建築外表，卻發現它們和蔬果市場的地面一模一樣？

我沒有去耶路撒冷、特拉維夫和任何鄰海的城市，但是每個人說起這些地方都好像說起歐洲那樣，談及它們的綠意、工廠和生產。他們以最快的速度往前移動，同時確定我們不斷向後退步。我所看到和聽到的一切都讓我想到這些。在此，我們可以說真相是具體的。他們在真實的塵土上建構了自己，而不是在先入為主的幻影上。在此，想法回到了它的軀體。

我們離開了拉姆安拉公園，我和胡山走回家。

伴隨著青色山丘的拉姆安拉有一種村落的感覺。由於它和比瑞直接相接，所以感覺上就組成了一個城市，但是拉姆安拉和比瑞的感覺還是非常鄉村的。這裡人們之間的關係還是鄉下的那種關係，每個家庭都彼此熟稔，多數路上的行人都能互相稱名道姓。當一大群隨著新巴勒斯坦政府政局而回來的人開始聚集此處，這個地方漸漸的浮現了城市的某個面向，也就是自然而然變成異鄉人相聚之處。不過拉姆安拉和比瑞有趣的地方在於，這裡的異鄉人又完全不是異鄉人。他們都是因為流離而長年不在家的人子，那些鄰近村落人的孩子，那些他們的城市毀於一九四八年的人，那些選擇回來然後住在已經開始往外擴張的郊區。他們之所以住在這裡是因為這裡社會環境的自由風氣，因為這裡的和煦天氣和美麗的大自然，還有它在地理位置上幾乎和耶路撒冷相接。和耶路撒冷的親近只是一種暫時的替代方案，因為最後很有可能耶路撒冷將從巴勒斯坦人身邊被奪走。

胡山說，他可能會在兩個禮拜之內前往安曼：「蘇萊曼的婚禮。他們決定在安曼舉行婚禮。」

「哪個蘇萊曼？」

「蘇哈的姪子啊，老兄。沙美的兒子。」

「但是蘇萊曼和他的未婚妻都住在這裡，西岸區啊！」

「他的阿姨與親戚，還有新娘的親戚都在外面，他爸爸那邊的人都在耶路撒冷，沒有辦法獲得許可也不能造訪。在安曼舉辦婚禮對大多數人來說是最簡單的方法。」

當以蒂卡爾（其名字的意思是「拘留」）在布達佩斯嫁給羅伯的時候，我感覺到她試圖不讓我、新郎和其他賓客看見她壓抑的哀傷，我當時以為故鄉是唯一的解藥。故鄉真的是解決所有哀傷的解藥嗎？那些住在故鄉的人難道比較不哀傷？在布達佩斯時，我知道的一群伊拉克難民中碰到了以蒂卡爾。我們第二次見面的時候，她對我說：「你是唯一沒有笑我名字的人。所有聽到我名字的人都會問起名字的事，除了你以外。你只是繼續聊下去，沒有要我解釋名字。」

我笑著說：「你看起來很想要解釋呢！」

無論如何我們變成了朋友。我們在匈牙利待了很長一段時間，以蒂卡爾畢業了，獲得電影研究博士學位，並且在布達佩斯的文學雜誌做一些翻譯的工作。她會坐數個小時告訴我和羅德娃有關她伊拉克母親、她的兄弟還有她流離於布達佩斯的事。有一天她告訴我，她就要和一位匈牙利名為羅伯的律師結婚了，她希望我當她的證婚人。我沒有問起為什麼她沒有找那些在匈牙利的同胞，卻找我幫忙她的婚禮。所以我突然就這麼置身於一個協助異鄉人、相當弔詭的情況之下。我裝飾了我的車，然後載她到布達佩斯第十一區的註冊所。我穿了一件正式的深藍色西裝，扮演一個三十歲出頭男子很少扮演的角色。她穿著租來的新娘禮服，手裡握著一小束黃白相間的花。當我們出發的時候，傍晚的一陣小雨在我們的車頭燈前閃閃發亮，我們交換了對彼此感激的眼神——我家中沒有姐妹，而以蒂卡爾請我幫她在異鄉成婚。在註冊所前方，當我們要跨越寬大的人行道的時候，雨水淅淅瀝瀝落在我們頭上。

那個晚上羅伯非常開心，沒有注意到新娘眼裡突然泛出的淚光。她轉向我，淚水愈加掩飾不住，對我說：「我媽媽以前都會對我說：『不要讓水滾出鍋子，不然妳就會在雨裡成婚。』你看，穆里，下雨了。」

我們坐在註冊辦事人員前面，她穿的衣服胸前有塊匈牙利國旗。有那麼一剎那，整個場面看起來相當滑稽，但是當以蒂卡爾用顫抖的聲音以匈牙利文說出：「我願意」的一剎那，我立刻深受感動，突然間也就笑不出來。我簽了文件。我們一同離開大廳，在一家餐廳和幾位朋友共進晚餐，席間以蒂卡爾問我：「你在伊拉克看過伊拉克婚禮嗎？」

在我為了某種考量離開了匈牙利之後，有一次我重訪布達佩斯，我聯繫了以蒂卡爾與羅伯，前往拜訪他們。他們介紹獨子哈納給我認識，這孩子用另外一種語言說「貓」，跟我說話的時候有伊拉克的口音，還問我喜不喜歡卡爾・奧福[7]的《布蘭詩歌》。我相當清楚不是所有在流亡情況下的婚禮都像他們那樣。有些在流亡狀況下的婚禮極盡豪奢鋪陳，但是以蒂卡爾的婚禮訴說的是孤獨，還有非常渺小，沒有親人、沒有傳統、沒有歷史為此時此刻站台的感覺。在心底靜靜流過的思緒是非常殘酷而隱蔽的，只因為必須讓渡一塊可以公然表現喜悅的空間。最後的時刻是喜悅的，但不是因為當時我們置身的狀況，而是我們置身於狀況之外。但是我一個字也沒說。她或我需要說什麼嗎？異鄉人和異鄉人相逢，而傷痛的阿拉伯民族的經歷讓我知道，我身為巴勒斯坦人的痛，只是廣大群體的一小部分。我已經學會不要誇張這種傷痛，因為所有經歷流亡在外的人都有同樣的感觸。對於流亡在外的人來說，住所與一個人的身分已經不存在。原本知名的人變成沒沒無聞的人，原本慷慨的人開始注意自己的開銷，那些爽朗的人開始有沉默的眼神。幸運的那群人會受到質疑的眼神關注，至於那些沒有職業只能看著別人的人，嫉妒就變成了他們的職業。在我住過許多年的歐洲，這些人非常多，他們來自各個阿拉伯國家。每個人都有自己的故事，我無法逐一記下，或許也沒有任何人做得到。流亡之地的寧靜安詳與他們期望中的安全從來就沒辦法被了解。家鄉會一直留在身軀裡直到最後一秒，死亡的那一剎那。

魚

7 Carl Orff，德國作曲家。

儘管在漁夫的網裡，
仍舊懷著
海水的味道。

負傷家園的故事就像安全流亡在外的故事：在受難者的期望裡，這兩邊都有未竟完全之處。我記得麥可・卡雷非（Michel Khleifi）的電影《加里里的婚禮》，這片子是在戴爾格薩那拍攝，故事裡面說的是一場計畫要辦得完美的婚禮，但是過程中發生許多和願望背道而馳的事。我們在電影中看到了，現實生活中沒有事情可以按照計畫發展的事實。負傷的現實，以色列占領的事實。流亡的當口，喉嚨中哽咽的感覺未曾歇息，變成了一種對恐懼的害怕。正因為那些被逐出自己國家的人深感挫折，那些逃亡出自己國家的人也深感挫折，他們每天在面對自己的時候，總是不免緊張憤怒。他們的雙眼總是精明的要批判彼此。他們對那些故鄉的人的溫暖情意只能刻意地冷卻，也因此一個天生溫柔善體人意的人可能會顯得無情。而當任何情緒隨著某種理由（或者根本就不需要理由）而浮現的時候，哀傷也就充溢四處。

就在他們離開了一個情況不甚美好的地方之後，才發現，就算流亡他方，事情也不會變得美好。

我們回去的時候發現整間房子擠滿了客人，阿布．哈金說：「你跑去哪兒了，老兄？我們都在擔心你呢。胡山，你把他帶到哪裡去了？羅德娃和湯銘從開羅打電話來，烏姆．慕尼夫從安曼打電話來，現在家裡都是人。很多人在電話裡問起你。」

我已經請羅德娃把湯銘的出生證明傳真給我以完成申請。我把文化局的傳真號碼給她，她說已經傳過去了，隔天早上我去拿傳真，和幾個朋友，包括亞何雅．亞克哈勒夫、馬穆德．須卡爾、阿里．卡里里與瓦禮德。人家告訴我文化局長也在，所以我就進去見他，當時他正在開會，與會人士中我認識巴爾．宰特大學校長哈納．納則，他和我打招呼，笑道：「喔，反對派駕到啦。」

文化局對埃及知識份子在與以色列關係正常化過程中的角色討論很久，我說，他們這個立場很好，如果我們支持他們的話，對巴勒斯坦努力實踐的理念將有幫助，我們也應該高興他們堅守立場。他們正在打一場阿拉伯世界暨埃及的文化之戰，反對大衛營的決定與以色列對我們不公的政治。我們別忘記，在一九七二年開羅大學的靜坐活動中達到高潮的埃及學生運動，其實是工學院的巴勒斯坦革命支持協會的產物。巴勒斯坦奮鬥的理念是埃及年輕人奮鬥與政治活動的核心，同時也是塑造許多埃及年輕人的命運、智識、文化內容的重要成分。同時我也提到，整個世界都對在戰亂或和平中出生的巴勒斯坦人施壓，卻沒有對以色列施壓。我們去和以色列總理情商他是不是可以退讓一步，他拒絕了，我們也不願意妥協，離開了會談，只能對自己的妻子和一些無助的記者抱怨，此時以色列總理卻離開談判桌在耶路撒冷蒙頭大睡。誰的境遇比較艱困？難道我們的敵人不應該也遭遇一些困難嗎？

我的朋友要我給他一些詩稿讓他出版，但是我希望在家鄉的第一本出版作品是詩選而不是某本獨立的詩集。

流離的詩人和他的子民間幾乎就要徹底的分離了，那裂縫因為禁書而更形深刻。以色列過去禁止大多數重要巴勒斯坦文學的進口，包括了小說、散文、短文等各類文種。走私進來的新聞剪報、阿拉伯廣播和電視節目，與違禁書籍在某種程度上解決了這個問題。

我答應朋友馬穆德·須卡爾在離開之前留一些詩選給他，幾個月之後文化局和納布魯斯的法魯克出版社合作出版了這些詩。現在至少我的聲音，或者說我一部分的聲音總算回到了自己的地方和子民。

我到了文化總部辦公室，對阿布·薩吉的厚愛再次言謝，並且交給他湯銘的出生證明。

「別擔心，託靠真主，一切都會順利的。把你在安曼或開羅的電話和地址留給我，只要核准了我就會親自打電話通知你。」

「你也可以打電話給安尼斯，他知道我在哪裡。不過你覺得什麼時候核准會下來呢？」

「可能會拖一陣子。你很急嗎？」

「湯銘兩、三個星期之後就會去安曼，我明天要去安曼，如果核准很快就下來的話，我就可以和湯銘一起回到拉姆安拉。重要的是在開學之前拿到許可，你也知道，他必須回大學上課。」我道別後便告辭了。

總有一天湯銘會住在此地。

有一次我參加了一場在維也納的研討會，我離開座位和一家報社作簡短的訪談，回到位置上的時候，發現一位女性占走了我的位置。她是以色列律師法莉西亞・藍格，專門替巴勒斯坦被拘留的嫌犯做辯護。她轉過頭，看到我站在那裡，說道：「天啊，我們連在奧地利都占據了巴勒斯坦的地盤。」

我們當時處於八〇年代最糟糕的時期。黎巴嫩難民營的戰爭已經到了滿目瘡痍的階段。巴勒斯坦解放組織分成許多派系，各派系激烈鬥爭。薩布拉（Sabra）和夏蒂拉（Shatila）難民營的殉難者被巴勒斯坦黨派的來福槍與游擊隊又再屠殺了一次。布爾吉．巴拉吉奈（Burj al-Barajneh）難民營的殉難人數又增加了，無辜的人因為不明不白的理由而身亡。

在兩場研討會議中間的休息時間裡，飯店大廳同桌坐著兩名黎巴嫩國家運動的領袖、藍格女士、普理馬可夫[1]，以及兩位從瑞典來的朋友。有人告訴我們黎巴嫩的穆夫提（伊斯蘭法典詮釋官）已經對難民營的居民做出吃貓肉狗肉是合於法典的解釋。我不確定這是真的新聞，還是只是透過媒體求救以終結顯然了無止盡的地獄而已。不過，因為過去這些年來在難民營發生的事，以及荒謬的殺戮戰爭所導致漸漸攀升的緊張情勢，卻讓我再度有悲喜劇交加的感觸。我對法莉西亞說道：「我們該何去何從啊？您願意收留我這位難民到您的國家嗎？」我當然是故意用這種方式想試探她怎麼看待我的國家，就某種程度上我意指以色列應該對我們在薩布拉、夏蒂拉和巴拉吉奈難民營的處境負責、對我們在所有難民營裡的處境負責、對我們在別人的國境內踐踏自己尊嚴的情狀負責、對我們全體（無論是在巴勒斯坦或者流離失所於海外的）命運走向負責。我原先預計她會動怒（因為她的知名地位還有她對我們的協助），或者花點時間思索我的問題，探討問題背後的意涵，可是她卻完全不能意會我問題裡面隱藏

1 Yevgeny Primakov，俄國的阿拉伯國家事務專家。

的深沉酸楚，她的回答來得像一記悶棍和耳光，她說：「我也希望如此！可是我們政府的法令不准啊。」

以色列可能同情我們，但是面對我們的「奮鬥的理念」和故事，要他們寄予同情卻是異常的困難。他們的憐憫是一種勝利者對戰敗者所投以的憐憫。在巴勒斯坦，事情的兩面互為對稱：這是敵人的地盤也是我們的地盤，這是他們的故事也是我們的故事。我的意思是，同時。

但是我不能接受這片土地上兩方權利均等的說法，因為我不能接受神一樣的角色在高層操縱這片土地的政治。除此之外，我從來就不特別關心那些泛理論、探討誰才有權利處置巴勒斯坦的討論，因為我們不是在辯論中失去巴勒斯坦的，我們是因為受到強奪才失去巴勒斯坦的。當我們是巴勒斯坦人的時候，我們不怕猶太人。我們不恨他們，也不視他們為敵人。中古世紀時候的歐洲恨他們，但我們並不。費迪南德與伊莎貝拉恨他們[2]，但是我們並不。希特勒恨他們，但是我們並不。但是當他們占據了我們所有的空間，把我們驅逐出境，我們之間也就沒有公平法則可言。他們變成了敵人，日益強健；我們流離失所，日漸衰敗。他們靠著神聖的力量以及力量的神聖、靠著想像和地理奪取了我們的空間。我能夠緊握住湯銘在這片土地的權利嗎？讓他在今年夏天入境，讓他在兩三年後的夏天入境，讓他在二十年後的夏天入境——重點是，總有一天，他應該有權利住在這裡，就算他入境之後，他還是選擇住在其他的地方。一個可以回到自己故鄉的異鄉人，跟一個沒有置喙餘地、任由流離境遇擺弄的異鄉人還是不一樣的。

我檢視對湯銘的父愛，想起父親對我們的父愛。也許他對我們比較溫柔？或者說，也許我們這一代只是刻意在大家面前藏匿情感，就算對兒子也如此？又或者那只是一種迂迴的不同情感表現方式，彷彿靠著壓抑激烈的情感，反而強化了堅毅的樣子，強化了能夠處變不驚的能力。我們在自己的孩子還有自己身上套用這種模式，選擇相當實際的方法表現內心的感覺，並且刻意不鼓勵孩子情緒分明。

以前我和羅德娃以及湯銘在布達佩斯機場道別的時候，我總是止不住的不斷說笑，並且天南地北的亂聊，就是不說我們心頭上唯一掛念的事：他們馬上就要離開了。我父母每次對我們弟兄道別的場面，對我們都異常沉重。當我們對即將要到卡達工作的慕尼夫道別時，我的母親突然昏厥倒在卡蘭迪亞機場石板地上，有好幾分鐘失去意識、無法言語，把我們都嚇壞了。我父親以前總是寫給我感人的信。有時候讀完

2 十五世紀末，阿拉貢（Aragon）及卡斯提拉（Castilla）兩國聯姻的西班牙國王費迪南德與皇后伊莎貝拉驅逐不信奉基督教的猶太人。

信，無動於衷根本就是不可能的。我把湯銘當成一個朋友或同伴，我甚至沒有意識到自己對他的情感有多深厚，除非是在朋友面前聊到不在身邊的他。就算我每天和羅德娃的互動也是很含蓄的，我們的言語之間並不表露情感。我對朋友說：「她是各種美的綜合體。」我不記得我對她說過這樣的話。當我藉詩描繪出她詩意的模樣，那首詩也會變成一種自言自語，而不是對她抒情的作品。對於那些隨身在皮夾裡攜帶自己鍾愛的相片的人，我是很驚訝的。如果我也帶著這麼一張照片，也純粹是為了現實的理由。就拿這次來說吧，我帶了很多張湯銘的小照片，為的是要申請身分證。

拉提法·加雅特在一九六〇年末造訪位於約旦的費達因基地[3]，返回開羅後她對他們的形容堪稱一絕。我問她：「你覺得那些人怎麼樣？」

她笑道：「他們是一幫善良的小流氓。」

是誰偷走了我們的溫良和善？如今那幫善良的流氓正是巴勒斯坦人民起義的孩子，他們充滿了有話直說的草莽氣。那些我所認識從事巴勒斯坦人民起義的親朋好友，我發現在他們這個年紀的時候，我們比不上他們的無懼和落落大方。他們的體能對於我這種人來說簡直不可思議，他們能辯論、討論、引證，說故事的能力遠遠超過其他在正常環境下生活的其他國家的孩子。難道是因為他們見識比較廣？難道是因為他們學會早早就負起責任？

他們之所以會這樣難道是因為他們的父母專注於其他更重要的事情多於訓練他們含蓄服從？他們談的是黨派。他們說這個是巴勒斯坦武裝組織，那個是哈瑪斯，另外一派是共產黨，第四派是民陣組織。他們知道所有的愛國歌曲和國歌，會跳達勃卡舞。如果有人要求的話，他們當下毫不猶豫就能表演。

我不是說他們都是天才，或者甚至說他們特別聰明伶俐，但是我要特別點出他們的情緒表現和我們小時候已經非常不一樣了。比如說，我爸爸以前有時候會要我在他的客人面前背誦學校教的詩，或者是九九乘法表，我都會花費心思逃出家裡，設法編出各種理由逃避那些場面。但是坐在我隔壁、在他祖父阿布·哈金陽台沙發上的哈布巴，突然毫無預警的就說：「伯伯，要我唱一首歌給你聽嗎？」又有一天他對我說：「我要去店裡買餅乾，需要我幫你買什麼嗎？我有錢。」接著從他的短褲口袋裡把錢掏出來證明所言不虛，我禮貌地婉拒之後，他接著說：「我是認真的。」我說：「應該是我買禮物給你才是，你說，我應該給你什麼呢？什麼可以讓你開心呢？」他馬上回答：「來睡在我們家，你為什麼一直都睡在爺爺阿布·哈金家呢？」我對阿布·亞

3 Fedayeen，薩達姆敢死隊所在地。

可伯說他的兒子非常可愛，報告他的盛情邀約，還有要幫我從店裡買東西的盛情。他給了兒子一個既驕傲又驚訝的眼神，說道：「他是個小麻煩，每天從學校回來一定帶一個麻煩回家，不是打了別的小男生就是惹老師生氣。」

沒錯，也許這就是我想要形容的在以色列占領之下的孩子，他們有一種負責的人格，同時具備某種透明卻氣勢凌人的情緒。恐懼與無畏，脆弱與理性。

我又想到那些所謂「石之詩」，還有許多詩寫「石頭的孩子」的垃圾，那是一種斷章取義，只從顯而易見而且容易下手的部分來描述人類現狀的表現，只能模糊事實，而不能釐清事實，他們的假意讚頌，其實已經做了錯誤的詮釋。藝術和政治辭藻。有趣的是，那些活在以色列占領政局下與巴勒斯坦人民起義時期下的人，居然也和在海外流離失所的作家犯一樣的錯誤，同樣無法一針見血把他們內容的精要交代出來，即便他們寫的正是他們的生活經驗。我對自己說，重點在於對生命和對人類完善的深刻理解，這種理解也正是藝術完善的基礎。無論生活經驗如何，都是名符其實的藝術作品不能或缺的元素。重要的是鞭辟入裡的洞見，還有特出的敏感度，我們因為這些東西而獲得經驗，而不單單只是描繪自己曾經經歷過的經歷。雖然經歷很重要，卻不足以成就藝術。藝術需要條件，藝術索求無度。我們在他人的土地上顛沛流離的經驗，也和其他同我們一樣流離失所的人共處。我們寫過自己流離的經歷嗎？為什麼我們的故事，我們獨一無二的故事值得讓整個世界傾耳聆聽？誰傾聽了關於顛沛流離，送往彼岸再也不能回來的男女老少的故事？我們那些已經死亡的人分散四處。有時候我們並不曉得要把他們的屍首送往何處，世界上的各大城市拒絕接收我們的屍首，一如我們還活著的時候他們也不願意接納我們一樣。如果那些流離至死的人、遭到武器殲滅的人、因為思念而亡的人，還有自然死亡的人都算是烈士，如果就像詩裡面所說的那般，每位烈士都是一莖玫瑰，那麼我們可以說已經創造了這個世界的花園。

這是我在拉姆安拉的最後一夜。我提出湯銘的團聚許可申請，感覺這是卓然有成的一大步。這一天訪客絡繹不絕，家人、朋友、鄰居和同儕川流不息。對話流轉，我試著當個沉默的聽眾。之後，我拿了《存在的邏輯》的手稿就去睡了。

房裡沉默完整得就像書裡面畫出的一個圓。這些日子以來，我漸漸偏好於聆聽勝於多言。《存在的邏輯》的概念在於「說話」的生物，包括無生命的、有生命的、動物或人類。我的職責在於聆聽他們的話。我的第一冊詩集裡，我對人類提出的言論簡直和《聖經》大洪水以及創世紀一樣偉大，當時我二十多歲，剛好是個對自己的智慧自信滿滿的年紀。

我在大學裡面寫詩，一九六七年我在埃及碰到阿塔舅舅後，他要我去科威特。我一直想辦法離開那裡，因為我想繼續寫詩，繼續從事文學創作。我在《阿達伯》、《馬瓦其夫》（*Mawaquif*）以及《卡帝柏》雜誌（*al-Katib*）上發表作品。

對羅德娃而言，別具意義的是我們永遠離開科威特回到開羅的決定。一九七〇年我們結婚，之後不超過一年我們離開了科威特。我們到貝魯特，計畫在搭船回到亞歷山大港前先在當地多待幾天，便在哈姆拉旅館住了下來。我從帶來的一本詩冊封面上拿到達爾．阿瓦達出版社（Dar al-'Awda Publishing）的電話。

「喂？阿哈瑪．薩伊．穆哈瑪迪亞先生嗎？」

「是，您是？」

「我是穆里．巴爾古提⋯⋯」

「幸會，詩人！您人在貝魯特打這通電話嗎？」

羅德娃當時和我都在房內，我摀住話筒對她說：「他說『幸會，詩人』耶！」

我以為我需要一段長篇聰明的自我介紹，好和他們約時間見面，以說服他們在這位先生經營的知名出版社內出版我的第一冊詩集。我以為，因為我先前住在科威特，身在阿拉伯文出版重鎮的貝魯特人根本不曾聽過我的名字。我說：「我現在在哈姆拉旅館。」

「來這裡喝杯咖啡吧。你一定有帶手稿吧，也把手稿一起帶來。」

很短的時間之內他就承諾出版，出版的日期是一九七二年一月。我把稿子交給莫娜．蘇烏迪設計封面，她設計好了卻誤植我的名字穆里．巴爾古提為慕尼夫．巴爾古提。出版社當然沒有另外重新設計封面，所以詩集出現的時候，封面上慕尼夫的名字用方形銀色顏料蓋過，我的名字則寫在上面。如果你仔細看，你就能看到這兩個名字交疊在一起。對他和對我而言，這個交疊別具意義，所以也就比較釋懷封面醜陋的事實了。

我試著睡去，卻睡不著，於是零星寫了一些隻字片語，都是一些尋常的觀察紀錄，還有這些觀察的簡略描繪。捻熄了燈，閉上眼之後，我這輩子的聲音開始在安靜漆黑的房間裡湧現。這一生過去的思緒、問題和畫面，還有未來迎接我和我們的日子。

白日經歷的一切把夜晚變成了沉重的負荷。有事未竟完全。我試著衡量那些分離兩地的人之間的距離，還有生死兩隔的人之間的距離。我拾起了《存在的邏輯》稿子朗讀道：

快樂的人夜晚也快樂著；
哀傷的人夜晚也哀傷著。
至於白晝，
它完全占領了它的人！

我想把流離的境遇放在括弧裡，我想為一大段憂傷的、個人和大眾的歷史畫下句點。但是除了逗點之外，我什麼也沒看見。我想縫合時間，接連每個時刻，連接童年和老年，串聯出席的和缺席的、所有眼前的和不在眼前的、流亡和故里，還有我曾經想像過的和我現在看到的一切。我們還沒有一起在我們的土地上生活，也還沒有一同死亡。遠方，巴黎的北站深夜十一點，慕尼夫顛躓了幾步，在十一月的霜雪中於月台倒下，之後躺在棺木裡回到他母親和我的身旁。這位靠著朋友也為朋友而活的男人，總是喜歡生活裡人聲鼎沸，喜歡人來來去去，造訪、見面、講電話，難道他為自己的最後一天做好了準備？北站蒼涼孤寂而且神祕的死亡。一九九三年十一月八日，羅德娃、湯銘和我在我們開羅家裡吃午餐，電話響了，我起身接電話，是弟弟阿拉的聲音，從杜哈打來的。他哽咽講了一些我已經不記得的話，一陣寒意攀上我的肩頭，我不記得自己說了什麼，我只記得羅德娃從椅子上跳起，臉色蒼白的問發生了什麼事。

我說：「慕尼夫死了。死了。」

他的一個朋友從日內瓦打電話來，說他在巴黎北站遇難。我打電話到日內瓦這位朋友家，希望問出更多內容，他們說急救時他還活著，然後又說他接著就死了。我疑惑的打電話給人在安曼的母親，得知他們只告訴她，他在一場意外中受了傷。我對羅德娃說：「我媽一定承受不了死訊。」

我打電話給在杜哈的馬吉得和阿拉，要他們不要告訴母親有關慕尼夫的死訊，希望自己能在她身邊，我告訴羅德娃說我現在唯一的責任就是保護我母親，我說：「如果我們讓她在這消息之後多活兩天，她也就能撐下去。重點是幫她撐過接收到消息的那一刻。」

我處理這件悲劇的方式是詭異的，好像我才剛從地震廢墟中爬出來，馬上就去查看母親是否生還，好像我已經成功把這件消息放到一邊，自己已經能夠控制全局。總是要有人控制全局。我像突然遭逢重創的人，接著馬上把自己送進指揮中心，紓解別人重創的感覺。我想到每個人，想到我母親、慕尼夫的孩子和妻子，還有我的兄弟，專注的把事情適當辦妥。

我要身在杜哈的馬吉得和阿拉馬上辦法國入境簽證，立即去陪伴他的家人，我沒辦法從埃及得到同樣的入境簽證，他們去了巴黎，隔天我就和羅德娃與湯銘一起去安曼。胡山在機場和我們碰頭，告訴我們所有細節：慕尼夫從家裡搭火車到巴黎，辦了一些事，接著去北站趕四點三十分的火車去參加里爾的會議，他錯過了那班火車，所以就在原地等五點的火車。十一點的時候，法國警察發現他在火車站月台的血泊之中。是什麼讓他搭不上五點的火車？什麼事情讓他滯留在火車站七個小時？他被綁架了嗎？他遭到搶匪或光頭的新納粹攻擊嗎？這是一場政治暗殺嗎？他多年來接受肝臟治療，難道他突然昏迷，接著過路者看他容易下手搶劫所以攻擊了他？救護車來了，他幾乎已經沒有生命跡象，他們試圖挽救他的生命卻徒勞無功，不久他就回天乏術。

車站的咖啡店老闆說看到他流著血蹣跚的走進咖啡店，服務生以為他醉酒，所以把他趕了出去，他又試著進去一次，一定是試著求救或借電話，接著他多走兩三步，便倒身在兩名葡萄牙年輕人坐的桌上，這兩名年輕人起身把他趕出店外，他步出店走了四步，就此永遠倒下。

胡山把這些細節告訴我們，傷心欲絕的流著淚。他說他們沒有告訴我母親任何事，大家只告訴她，他經歷了一場車禍，但是人沒事。他說吉哈德醫生和穆哈瑪德醫師密切注意她的狀況。他們說我們家擠滿了安曼親戚家的女性，但是他已經禁止她們使用任何節哀的字眼：「她們都知道消息了，除了你母親之外。她內心已經察覺了事情的嚴重性，但是就等你回來傳話讓她安心。我們都聽了你的指示沒敢告訴她。」

我們家的門戶洞開，我們走了進去，望向那間會客室，房內有些女人身著黑衣，我母親在意識朦朧的狀態下坐著，身著淡藍色的衣裳。羅德娃、湯銘和我一走進室內，整間房子就爆出哀泣的哭聲。我不曉得如何能夠在那個時候把持住而不崩潰，但是正因為我在當時能夠把持得住，之後也就能夠一直堅強到底。我對於母親的不安與為了保護她生命的想法也讓我只好忍著淚水。

我母親沒有女兒也沒有姐妹，羅德娃現身在安曼的意義重大。我們結婚後，我母親打從見到羅德娃之後就一直把羅德娃當做女兒看待。我知道羅德娃如果在這種場合出現對她而言很重要。我靠近她，給了她一個擁抱。

「兒子，告訴我，你哥哥怎麼了？她們都穿黑衣，卻告訴我他氣息還在，現在在醫院，有康復機會。告訴我吧，兒子。別騙我，親愛的。」

那一刻，我希望我的生命就此結束。我不曉得如何回答她，我發現自己把她的頭埋向我的胸膛，緊緊抱著她，說：「我們希望你好好活著。答應我你會好好活著。穿上黑衣吧，媽媽。」

就在倫敦近郊的索立（Surrey），躺在深深的地底，遠離夏加拉村，遠離艾恩．希爾瓦的是納吉．阿里。就在我們驅車沿著蜿蜒的路穿越英國樹林，從溫布頓出發按照地圖找墓園方向的時候，鄰座薇達的哥哥問我：「穆里，是什麼把我帶到這裡？」

我糾正他：「是什麼把他帶來這裡？」

我們把哪些心事帶到了墓園？是對他還是對薇達年幼孩子的關切？我們自己的心事，還是對我們的歷史與我們的故事的關切呢？

而在匈牙利與捷克的國界處，在維斯格拉德山（Visegrad）的樹林裡，在那口棄井的底端，躺著盧艾。這位好看又爽朗的年輕人在匈牙利的流離生涯過得還不錯。他在山頂有份工作，經營假日營區和酒吧，附近林木環繞。他娶了一名美麗溫柔的匈牙利女孩，兩人生了兩個孩子。我們以前都會穿越雪地到他距離布達佩斯四十公里的營區，人到了他就會在酒吧掛上「休息」的牌子，並用火爐裡的木柴為我們煮海鮮什錦。我們玩牌，邀請朋友共進阿拉伯式晚餐，丟雪球，在陡峭的山坡邊採集香菇，他學會了一點阿拉伯語的妻子會在費魯姿的音樂中幫我們烹煮採來的香菇。

之後盧艾原本打算和他哥哥一起去美國工作，卻平白消失了蹤影。他那親切可人的妻子趁他深夜看電視的時候，在他背後開了一槍，並和羅馬尼亞小賊合作，把他拖到樹林深處，棄置於廢井之中。她用大量的水泥覆蓋，不過後來還是讓警察發現而鋃鐺入獄。我們的朋友過去總是看著盧艾的生活，覺得他是個快樂愜意的巴勒斯坦人，他這個人對感情、食物和服裝總是很挑剔，是個把生活打理得很好、有家庭、認真工作存錢的巴勒斯坦人。現在他沒有辦法從那口井裡告訴大家那種快樂是謊言了。安全、美貌和愛情——它們都說了謊。

當初他逃離黎巴嫩南方，流離的境遇卻給了他當初逃開的東西：死亡。

而就在貝魯特機場的中東航空飛機階梯上，來卡達探訪女兒、慕尼夫的岳父阿布爾—阿伯德．達爾威許突然暴斃，他的屍首在黎巴嫩太平間安置了一個禮拜。

夜裡，從遙遠國家打來的電話從沒有停過。某個人從睡夢中醒來，接起話筒，然後聽到另外一頭傳來猶豫的聲音，報告某個摯愛的人、親戚、朋友或同事在家鄉或他國的死訊——無論我們在羅馬、雅典、突尼斯、塞浦路斯、倫敦、巴黎、美國或所有我們被帶去的地方，電話不止，一直到死亡終於變得像市場裡的萵苣，又多又便宜。

當我望著納吉的孩子在游泳池裡嬉戲的時候，我對他說：「讓我們祈求他們暫緩動作，等這些孩子都長大，我們可以讓他們獨立活在這個世界上為止。」

那些謀殺他的氣氛日益增強。反對他的仇恨活動讓滅音槍蠢蠢欲動。我為他感到害怕。

他和他的家人到布達佩斯拜訪我，他的小女兒茱蒂在以色列突擊西單的一次行動中傷了腿，一直需要接受物理治療。我們在一起待了一個月，之後便再也沒和他碰面，直到數個月後到倫敦他的墳前。

他身著短褲，和我坐在游泳池畔，手裡挾著一根菸，胸膛上的肋骨清晰可見。

「穆里，你知道嗎，我也這麼想過，但是我想這不是問題。我問過我自己，當我父親過世的時候留給了我什麼？什麼也沒有，但是儘管如此我還是活過來了，他們會自己照顧自己的。」

我是在一九七〇年於科威特認識納吉的。他是《西亞薩報》（*al-Siyasa*）的漫畫家，不少晚上我都在他的小辦公室裡度過。我當時正在技術學院當老師，並準備出版我的第一冊詩集，我後來和他變得很熟，見證了一個人用手指揮灑天分，也看到了勇氣如何能夠和棺木一般清楚。

我們會坐著聊天到極晚，之後我留他一個人替明天的報紙畫漫畫欄，自忖不曉得他會畫出什麼。隔天早上我會買報紙，驚訝的看到這位迷惑、簡單、高興或悲傷的年輕人透過每天的專欄交代了整個世界，比任何政治分析家做得都還要好。我們的友誼從一年延續到另外一年，從一個國家延續到另外一個國家。一九八〇年，在貝魯特阿拉伯大學的詩歌節裡，我寫了一首題為〈漢塔拉，納吉．阿里之子〉（Hanthala, the Child of Naji al-Ali）的詩，之後《撒非報》用整個版面刊登了這首詩，詩的周圍環繞納吉的繪畫。

這裡一切都和你希望的那樣準備周全，
這些東西適用於任何場合：
節慶夜晚的擴音器，
暗殺夜晚的滅音器。

那個夜晚過後七年，暗殺的夜晚降臨了。我和羅德娃、湯銘正在匈牙利的巴拉頓湖旁的飯店過暑假。我們很早起床，打開從倫敦傳來的BBC廣播，聽到了最後一句話「傑出的巴勒斯坦漫畫家」，即刻明白納吉已經不在人世。湯銘起床之後看到我們不斷轉換收音機的廣播台企圖聽到更多新聞，問我們：「媽媽，爸爸——怎麼了？」

「他們殺死了納吉叔叔。」

一九八七年七月二十二日，納吉遭到槍擊，那天剛好是我們的結婚紀念日，我們的私人節日一個個逐漸失去意義，因為那些事件伸出了粗暴的手掌把我們的私人日曆撕成碎片，撒向空中。

那件事發生的多年以前，一九七二年七月八日星期六中午，那天是我生日，我正坐在開羅馬斯培羅（Maspero）的廣播公司裡錄製一場文學專訪，接著我看到沙菲·

夏拉比從階梯上跑下來告訴我葛杉・卡納法尼在貝魯特被暗殺。我和蘇拉曼・法雅德（Sulayman Fayyad）一同走去尤斯夫・埃德里斯（Yusuf Idris）的《阿蘭姆報》（*al-Ahram*）報社辦公室，我們說想要在開羅和他在貝魯特的喪禮同步舉辦一場重要的喪禮。下午我們在瑞奇咖啡館會面，這群人包括了尤斯夫・埃德里斯、那吉勃・蘇里爾（Naguib Surour）、阿伯德・穆新・塔哈・巴德爾（’Abd al-Muhsin Taha Badr）、亞哈雅・塔爾・阿巴塔拉（Yahya al-Taher ‘Abdallah）、蘇拉曼・法雅德、薩伊德・卡弗拉威（Said al-Kafrawi）、艾博拉罕・曼蘇爾（Ibrahim Mansour）、格哈里・蘇克里（Ghali Shukri）、羅德娃和其他我不記得的作家。葛杉的暗殺距今已經是超過四分之一世紀之前的事了。

那天我們總共有約莫五十個人。阿伯德・穆新・塔哈・巴德爾用一手漂亮的書法寫了所有的標語牌，我們從蘇拉曼瑞帕沙街的瑞奇咖啡館開始，以喪葬隊伍的模式安靜的一路走到阿伯德・卡哈里克・沙爾瓦街上的記者聯合會所為止，那裡還有安全部隊等著我們。警官問尤斯夫・埃德里斯一個非常具體的問題：「你們遊行隊伍裡面有巴勒斯坦人嗎？」

尤斯夫回道：「我會給你這五十個人的名單，把他們寫下來：尤斯夫・埃德里斯、尤斯夫・埃德里斯、尤斯夫・埃德里斯、尤斯夫・埃德里斯……」

警官就此要他打住，結束了會談，然後離去。亞蘇夫進花園加入我們，告訴我們方才發生的事，然後我們就分頭四散。

儘管這場合很哀傷，我們卻對亞哈雅堅持要寫的一個標語牌感到發笑，這標語寫著：「他們射殺馬，是吧？」我們回家之後，我告訴拉提法．加雅特我們做了什麼，並且提到那個標語，她咧嘴笑道：「在街上看你們的人一定笑你們笑得很開心。你們為什麼不寫一些他們能理解的話？」我告訴她尤斯夫．埃德里斯做的事，她說道：「標準的尤斯夫。他擺出英雄姿態，然後繼續又迷惑、又緊張又害怕，一直到做了相反的動作為止。你們當時真是好運。」

今天過後還有什麼週年慶呢，納吉？今天過後還有什麼生日呢，葛杉？我們應該記住什麼又忘記什麼？

這不只是關於我自己一個人的私事。我們的慘劇和痛苦日復一日的重複並加劇。某個事件攻擊了它的敵人，接著毀去我們所有的週年慶。我們的日曆破敗了，滿覆著痛苦，充斥著心酸的笑話與趕盡殺絕的氣氛。有些數字如今已經不再毫無意義，它們永遠都含有某種意思。自從一九六七年六月戰敗之後，看到「六七」這個數字，我不能不想起戰敗這件事。我可以在一串電話號碼、飯店門牌號碼、車牌號碼、世界上任何一條街、電影院或劇院票根、書頁、某個辦公室或住宅地址、火車頭或世界任何一個機場內的電子告示牌上的飛機號碼上找到這組號碼。這號碼凝結在自己的框框裡。它完全不是數字，而是蠟製、花崗岩製、鉛製或黑色大廳裡黑板上無法抹去的粉筆數字雕塑。我沒有把這數字視為不祥的號碼，只是我特別注意它，它深深刻畫在我的腦海。有那麼一剎那，這號碼從我的潛意識裡浮現，讓我清楚意識到，接著又沉潛回去，就像海洋浪潮裡忽隱忽現的海豚。我沒有特別的感想，既沒有顫抖，不感到憂傷也不覺得神經緊繃。只是我的感官讓我注意到了這組數字，好像那是一張熟悉的臉，一張屬於我生命的一部分，卻又不全然屬於它的臉，它將永遠的留在那裡，就像我們雖然沒看到海豚，也知道牠們在水中那樣。六月的戰敗對我而言是一種心理問題嗎？對我們這一個世代、對當代阿拉伯族群而言呢？其他的事件在那一年之後接連發生，其他失望和其他一樣危險的後續效應層出不窮。戰爭爆發，血流成河，政治、想法的論證都變了，但是六七年卻不動如山。至今我們還在為它付出代價，當代歷史裡發生的所有事情，沒有一件不和六七年有關係。

當年我正在回開羅莫和帝辛的家，偶然間遇到那時期的摯友亞何雅．塔西爾．阿伯達拉。當時正逢一九七三年十月戰爭剛開始的第四或第五天，他走在我旁邊喜形於色[4]，我則是一副憂愁的模樣。他走著走著突然停在路中央對我說：「你怎麼看起來和烏鴉一樣淒慘哪？」

「沒錯啊，我就是烏鴉，因為我可以預見事情不妙了。亞何雅，這場戰爭結局不樂觀。」

十月十六日星期二，戰爭才開始十天，我坐在拉提法・加雅特家電視前，一起聽沙達特總統在埃及國會的演講。他站在那裡，穿著一路到腰帶滿滿是裝飾的軍服，發表「我個人與以色列的和平方案」，演講完隔日，有關德瓦史爾區缺口[5]的話語沸沸揚揚，幾天後，季辛吉現身當場，事情就像後來大家知道的那樣，阿拉伯埃及聯合共和國總統造訪以色列，接著前往參加大衛營協定。

以色列的國旗在開羅升起，距離偉大的雕塑家瑪穆德・穆克哈塔爾（Mahmoud Mukhtar）紀念一九一九年革命建造的「埃及復興」雕像不到一百公尺。大學橋上，以色列國旗在尼羅河上飄揚，三百公尺外就是開羅大學，以及校內有靜坐抗議學生的圓頂大廳。很久以前，當我還是學校裡的年輕學生時，我曾看到一列轎車開往那裡，

4　一九六七年以色列攻打埃及以擴大版圖，此後蘇伊士運河是為以埃兩國國界，此後埃及便一直籌畫收復西奈半島領土，一九七三年十月埃及趁以色列不備，穿越蘇伊士運河，獲得戰爭初期的成功戰果。

5　一九七三年十月戰爭初期，以色列傷亡慘重，但是之後以色列突破埃及防線，成功入侵埃及大苦湖（Great Bitter Lake）北方的德瓦史爾（Deversoir），重新掌握蘇伊士運河，讓戰事再度陷入膠著。

車裡走出尼赫魯[6]、狄托[7]、周恩來、恩克魯瑪[8]與納瑟。他們走上大理石石階，眼前放著他們的報告和文件，他們讓人難以忘懷的字字句句深深烙印在一個從戴爾格薩那山上來的男孩心底。那些有關獨立、建設和自由的字句。字字句句、字字句句，啊，丹麥的王子[9]！

我不能忍受沙達特的政治理念以及他說話的樣子和身影，一九七二年冬天在開羅大學的圓頂大廳裡，我和羅德娃以及一群學生占據納瑟廳，我們有時短時間參與或一整天的時間加入他們的靜坐抗議，如果討論與對話持續，我們就睡在椅子上。我不知道自己這個舉措的嚴重性，埃及政府把所有非埃及人民參與這種活動的行為視作「滲透」，我一直都很厭惡這個字眼。

一月二十四日的早晨，我很驚訝羅德娃才出門不到一個小時又回來了，她比我先去大學，帶著準備給學生的三明治，也有其他人也這麼做。她說安全部隊包圍了大學，禁止任何人進入校園，之後我們發現警察已經把所有參與靜坐的學生都拘捕入牢，從警車窗戶望出來的男孩和女孩們因為熬夜和睡在椅子上的疲倦而雙眼通紅，他們望著開羅的街道在哀傷受挫的晨曦中睡著，從窗戶內丟出紙捲，上面寫著幾個字：「埃及醒醒。」

從一九六七年開始，阿拉伯世界的棋局那最後一著便是失敗的一步。儘管一開始的那幾步都有好的契機，這倒退的一步卻讓以前所做的一切前功盡棄。巴勒斯坦和約旦人通力合作的卡拉馬之役之後，我們遭遇了「黑色九月」與己為敵。一九七三年戰後，我們穿越了蘇伊士運河，卻步向大衛營。在我們和大衛營作對之後，我們卻把事情阿拉伯化，簡單化接受了更沒有用又更可恥的事。在以色列入侵黎巴嫩之後，巴勒斯坦解放組織從英雄式的抗爭，轉而內訌、變得溫和而且樂於接受敵方設下的條件。在巴勒斯坦土地上熱烈進行的巴勒斯坦人民起義之後，我們轉向奧斯陸協定。我們總是在接受敵人設下的條件，從六七年以後就一直如此。以色列總理納坦雅胡安撫美國人對最近協定的恐懼，表示阿拉伯人終究會接受他粗陋的提議，因為一直以來他們什麼都接受。

我對六七年有意見嗎？沒錯，我有意見。六月的戰敗尚未結束，戰爭爆發第二天，愛國歌曲和國歌在收音機裡愈唱愈響亮，大學生湧進那些招募新兵到前線的中

---

6 印度獨立後第一任總理。

7 Josip Broz Tito，前南斯拉夫總理。

8 Kwame Nkrumah，前迦納總統。

9 和第六章呼應，以《哈姆雷特》一劇暗指政局的腐化。

心，我也排隊加入自願者行列，報名了自己的名字。他們給了我一張小綠卡，上面寫著我的名字，下面一行字：「一九六七年六月十二日準備徵召入伍。」

接著六月九日，我坐在自己位於扎馬萊克的家裡電視機前看納瑟談話，當晚整個國家都緊迫盯著他的唇，想了解發生了什麼事，還有前線目前正進行的情況。我那位金髮極胖的房子屋主和蘇索絲提斯太太就坐在我旁邊，我們一起聽到他這麼說：「我們受了重挫。」接著他表示他將退位，最後更表示將辭去所有正式職位。我從椅子上跳了起來，跑到門口到了街上，發現數百萬人都像我一樣同時跳入黑暗的街頭和黑暗的未來。

耳朵和腳步聲的間隔不到片刻甚至不到幾秒，一眨眼之間，我看整個社會蜂湧到街上，我們在街上過夜，在河上的橋墩過夜，沒有特別目的地移動著。我們住在街上直到隔天晚上。直到多年以後，我們才知道我們參與了歷史學家所謂的六月九日以及十日示威，這場示威讓納瑟回復了權位。

自此之後再也沒有人通知我們參與自願服役，六日戰爭隨著納瑟的演說而結束，人民的未來依舊不可知，而每每宣稱他們將釐清未來，未來只有變得更難解。這難解的謎隨著納瑟身亡，接著沙達特接位之後更為膠著，也隨著十月戰爭還有大衛營協定聲稱十月戰爭將是最後一場戰爭的說法而更撲朔迷離。我們的未來愈來愈難懂，隨著以色列入侵黎巴嫩，難民營的戰爭與奧斯陸協定而更難解讀。如今，現在，局勢依舊撲朔迷離。

自從一九六七年六月五日開始，我們就在戰敗後拉得長長的陰影裡求生存，但是這場戰敗還沒結束，那絕對是之後一直到今天後續發展的里程碑。是的，六七年已經永遠烙印在我的腦海裡，因為我在年輕歲月裡經歷了它。

我知道我沒辦法勝任專業的政治工作，因為我對這個世界的反應全憑感覺和直覺，這和政治的需求是不同的。假使我在示威隊伍裡遊行，我無法大喊口號。我也許會參加一場示威宣示我的立場，但是我沒辦法大聲喊出口號或宣言，儘管我深深的認可那些口號。我腦海裡有關示威的畫面反而有點喜感，畫面裡的人被高舉在肩上，高唱押韻的口號，如同艾森斯坦電影裡發生的那樣，熱血沸騰高唱口號的人變成張大的、有不規則牙齒的嘴，塞滿記憶裡的整個畫面。那些揮舞的手臂和高高舉起、搥打示威隊伍上空的拳頭，有好幾次經常讓我笑出來，雖然我是真的不好意思，也害怕我的笑會讓四周的人誤解。

阿布·陶菲格以前經常跳入媒體用吉普車，沿著貝魯特法奇哈尼區的街道開著，同時高唱千篇一律的句子「噢！我們美麗的烈士！」接著他便會開始敘述我們已經犧牲烈士的美德。一開始這番景象很感人，但是之後殉難者接二連三地隕落，喪禮接二連三地舉行，他最愛的那句「噢！我們美麗的烈士」就開始帶著一股一而再、再而三的熟悉感，渲染了這場悲劇，如今我們的憂傷便帶著一種奇異的喜感。

死亡與喪禮的喜劇。漫長的掙扎花去人們數十年的生命，讓勇氣與堅毅蒙上了陰影，也蒙上了無政府主義的陰影，對可供選擇的命運發出訕笑。這些陰影隨著那些意圖向前邁進，卻不斷撤退的動作而愈加黑暗。訕笑變成了一種讓我們可以繼續向前的心理工具。

阿布．陶菲格習慣了烈士的陣亡，就像烈士也習慣了自己的犧牲，至於我們這些走進他們喪禮的人，開始習慣看著他們以同樣的口號大聲邁向象徵性的終點——巴勒斯坦，接著他們真正的終點——墳塚。貝魯特法奇哈尼區的牆上貼滿了充斥他們臉龐的海報，隨著愈來愈多烈士的陣亡，海報在牆上緊緊交疊在一起，新臉龐覆蓋住舊臉龐的一部分。無論巴勒斯坦人身在何方，在故鄉或者在海外流離失所，在平安時期或者遭遇巴勒斯坦人民起義的時期，戰爭時期或者偶爾遭逢屠殺的和平時期，喪禮是他們生活中不可或缺的一部分。

所以，當拉賓口才便給的說著以色列人的悲劇好像他們是唯一的受害者，使得那些在白宮花園和全世界的聽眾眼角泛出淚光時，我便知道我永遠不會忘記他那天說的話：

「我們是戰爭與暴力下的受害者。年年月月我們的母親都在為她們的兒子而哀慟。」

我感到一陣熟悉再也不過的顫抖，那種只有在我明白自己沒有盡到全力、失敗的時候的顫抖：拉賓奪走了一切，甚至於我們死亡的故事。

這位領袖知道如何讓全世界對以色列的鮮血、每位以色列人的鮮血肅然起敬；他知道如何讓整個世界對以色列的淚水肅然起敬，他也知道如何呈現以色列，讓他們變成我們手下的受害者。他更改事實，顛倒是非，把我們描述成中東暴力的始作俑者，滔滔不絕、毫無困頓的說服別人。我記得那天拉賓說的每一個字：

「我們從戰場回來的士兵，身上沾滿血漬，我們目睹自己的兄弟朋友在我們面前被殺害，我們參加他們的喪禮，不敢直視他們母親的眼睛。今天，我們以永遠不變的愛謹記所有的人。」

簡單的語言遊戲就能蒙蔽事實，只要你的故事以「之後」作為開場白。沒錯，這就是拉賓做的事，他只是把之前發生的事省略了。用「之後」作為故事的開場，整個世界就隨之黑白顛倒。用「之後」作為故事的開場，美國印地安人的箭變成了元凶，白人的槍枝就變成了受害者。只要簡簡單單的用「之後」作為開場，黑人對白人的怒火就變成了野蠻的無的放矢。用「之後」作為開場，那麼甘地就應該對大英帝國的悲劇肩負起責任。你只需要用「之後」作為故事的開場，遭到焚燒的越南人就變成了汽油彈的主體，維多克．哈拉（Victor Jara）的歌就變成了可恥的事，而皮諾契特的子彈，在聖地牙哥運動場殺害數千萬人的子彈卻不可恥[10]。只要簡簡單單的用「之後」作為開場，我的外婆烏姆．阿塔就有可能變成罪犯，夏隆則成了她的受害者。

阿布．陶菲格的吉普車在這一切的荒謬之中又能如何呢？以色列以受害者的姿態占領了我們的家園，又在整個世界面前將我們形容成殺手。以色列以他們對我們展現的寬容蠱惑了這個世界，拉賓是這麼說的：

「簽署〈原則聲明〉對於我這樣一個為以色列軍隊和以色列戰事效命的戰士而言是艱難的，對以色列人民以及在海外流離失所的猶太人來說也是艱難的。」

蓋在我們頭頂的房子大方的表示他們願意理解我們奇怪的嗜好：流離失所在只有神明和蒼蠅的地方的海外，好像我們求他們把我們趕出家門，另外還送他們推土機讓他們在我們眼前把房子剷平似的。他們仁慈的槍桿在戴爾雅辛村原諒我們讓他們在某個日暮時分將我們的屍首高高堆起。他們的戰鬥機原諒了貝魯特我們那些殉難者的墳塚。他們的士兵原諒了我們年輕人易碎的骨骸。以色列這位受難者以寬容的光輝磨亮了它殺到熾熱鮮紅的刀。

就在全世界的禮讚聲中，沒有人，甚至我們這些為烈士發聲的人，記得阿布・陶菲格美麗的烈士。

10 一九六〇至七〇年間，維多克・哈拉致力富有政治意涵的新歌謠運動，智利獨裁者皮諾契特登台後便殺害這位音樂家。

# 9 每天的最後審判

I Saw Ramallah

枕頭記錄了我們的生活。每個簇新的夜晚，我們不用墨水無聲的寫出屬於自己故事的初稿。枕頭是回憶的田地，在屬於我們的陰暗中接受深耕、肥沃以及滋潤。

每個人都有屬於自己的陰暗。

每個人都有進入陰暗的權利。

這些是沒有條理、沒有結構的隨意塗鴉。枕頭是白色棉花法庭，觸感輕柔，判決殘酷。在接納我們的頭，滿載著歡欣喜悅或失落羞愧，枕頭便成了良知。枕頭是我們每天的最後審判，是每一位生者私人的最後審判，不等我們長眠而早來的最後審判。

我們那些沒有律法為難的小罪，還有那些極力壓抑不曝光的小罪，只有在黑夜裡，在心知肚明的枕頭上，在不隱藏祕密也不替入睡者辯護的枕頭上才能宣洩。

因為熟悉或倉促而看不見的美麗，每天被無情地摧殘的價值，只有在這枕上才能重新拾回，也只有每晚能在枕上拾回這一切，我們才能夠讓遊戲繼續下去。才能繼續生活下去。

枕頭默不發言。麥克風也許會說謊。甜言蜜語、布道、圖表、書信、報導、傳教士、領導人、醫師甚至母親都可能會說謊。枕頭是真相編織而成。真相有如祕密，由白晝細心藏匿著。

戰敗者也許會宣稱勝利並使自己深信不疑。但是只要他一把頭放在自己的小枕頭上，枕頭就會告訴他真相，儘管他拒絕聆聽。我沒有贏，他閉著嘴這樣告訴自己。假使他沒有膽量這麼告訴自己，枕頭也會斗膽告訴他：你沒有贏。他也許會再度以勝利者的姿態公開出現，並且受到某些人支持。但是支持者在孤獨的夜晚，在置身特殊位置、有著零星支持的夜晚，同樣會感到寒冷顫抖。

生命的價值、自我的肯定、驕傲的感覺，對某種版本的故事信服——在白晝、群眾的塵土中還有競爭與衝突裡確信不疑的一切，都被我們的枕頭變成了一種假設。枕頭是需要無情檢視的不安。

躺在床上，我十指交扣托著頭，不曉得什麼原因讓我一直睜眼盯著天花板。全然黑暗中根本看不見天花板，但是我一直沒有睡意，睡意屬於別人的。這是我在拉姆安拉的最後一晚，在這個小房間，在那扇望出去有無數疑問和一片屯墾區的窗下之最後一晚。就好像穿越了那座小木橋，我希望站在過去日子的面前，卻讓過去的日子站到了我的面前。我沒有理由的觸碰了某些特定的細節，也沒有理由的忽略了其他的細節。這一生中，當我的客人以為我沉默著的時候，我一直都在絮絮叨叨的對自己說話。

我跨越了那道禁止通過的橋，驀然間彎身撿拾自己碎裂四處的碎片，好像在天寒地凍裡把外套外擺收攏起來的人，或者像一個從遠方回來的學子，忙著撿拾被田野吹來的風打散的報告。在枕上，我收集了白晝與黑夜裡的歡笑、怒火、淚水、愚蠢以及一輩子都看不完，只能投以靜默與敬意的大理石紀念碑。

我準備好了行囊，準備回到橋上，回到安曼，然後回到開羅，接著在摩洛哥拉巴特（Rabat）的慶典裡讀詩。我在拉巴特不會待超過一星期，之後就會回到開羅，接著和羅德娃、湯銘去安曼和我母親以及阿拉一起共度夏日時光。我會在安曼等待湯銘的入境許可，我會和他一起回到這裡，他將看到此處，看到這裡面我的身影，之後我們就可以開始問各種的問題。

今晚，當屋內的人都熟睡而天欲破曉之時，我問了一個這些日子以來一直都沒有獲得解答的問題：

是什麼讓靈魂失去了色彩？

除了入侵者的子彈以外，還有什麼傷了軀體？

當代名家旅行文學

MM1107X

國家圖書館出版品預行編目（CIP）資料

我看見了拉姆安拉：橄欖油與無花果樹的記憶／穆里・巴爾古提（Mourid Barghouti）作；陳逸如譯. -- 二版. -- 臺北市：馬可孛羅文化出版：英屬蓋曼群島商家庭傳媒股份有限公司城邦分公司發行，2024.05
面；　公分. --（當代名家旅行文學；MM1107X）
譯自：I saw Ramallah
ISBN 978-626-7356-70-8（平裝）

1. CST: 巴爾古提（Barghuthi, Murid）　2. CST: 回憶錄
3. CST: 旅遊文學　4. CST: 巴勒斯坦

735.29　　113004787

# 我看見了拉姆安拉：橄欖油與無花果樹的記憶（初版名《回家：橄欖油與無花果樹的記憶》）

*I saw Ramallah (Arabic title: Ra'aytu Ramallah)*

作　　者❖穆里・巴爾古提 Mourid Barghouti
譯　　者❖陳逸如
序文翻譯❖陳希林
封面設計❖張　巖
內文排版❖張彩梅
新版校對❖魏秋綢
總　編　輯❖郭寶秀
行　　銷❖力宏勳

事業群總經理❖謝至平
發　行　人❖何飛鵬
出　　版❖馬可孛羅文化
台北市南港區昆陽街16號4樓
電話：886-2-2500-0888　傳真：886-2-2500-1951
發　　行❖英屬蓋曼群島商家庭傳媒股份有限公司城邦分公司
台北市南港區昆陽街16號8樓
客服專線：02-25007718；02-25007719
24小時傳真專線：02-25001990；02-25001991
服務時間：週一至週五上午09:30-12:00；下午13:30-17:00
劃撥帳號：19863813　戶名：書虫股份有限公司
讀者服務信箱：service@readingclub.com.tw
城邦網址：http://www.cite.com.tw
香港發行所❖城邦（香港）出版集團有限公司
香港九龍土瓜灣土瓜灣道86號順聯工業大廈6樓A室
電話：852-25086231　傳真：852-25789337
電子信箱：hkcite@biznetvigator.com
馬新發行所❖城邦（馬新）出版集團Cite（M）Sdn. Bhd.（458372U）
41, Jalan Radin Anum, Bandar Baru Seri Petaling,
57000 Kuala Lumpur, Malaysia.
電話：+6(03)-90563833　傳真：+6(03)-90576622
電子信箱：services@cite.my
製版印刷❖中原造像股份有限公司
二版一刷❖2024年5月
定　　價❖400元（紙書）
定　　價❖280元（電子書）



ISBN：978-626-7356-70-8（平裝）
ISBN：9786267356722（EPUB）
城邦讀書花園
www.cite.com.tw